Illustrations de :

Evalisa Agathon
Michèle Danon-Marcho
Jean Giannini
Monique Gorde
Jay Advertising

Textes de :

Janine Ancelet
Françoise Chapelon
Gérard Guillet
Aline Hastey
Patricia Lainé
Claude Lanssade
Claire Laury
Gilberte Millour
Micheline Pipault
Suzy Thorn-Bardy

Couverture de Carlos Busquets

Au jardin des CONTES

contes traduits de l'italien par JEAN-LUC
illustrations de MATAL

Éditions Lito

1er janvier

bonne année !

C'est aujourd'hui le 1er janvier.

— Je te souhaite une bonne année, Petit Amour, mon chat.

Qu'elle soit, pour toi, pleine de souris, sans une goutte de pluie, faite de jeux et de joies.

Je te souhaite une bonne année, Prunelle, ma chienne.

Que l'an nouveau t'apporte de belles chasses avec papa, des monceaux de sucreries, beaucoup de caresses et une place dans mon lit.

Ainsi parlait ma fille à ses compagnons de jeux, en ce jour du premier de l'an.

Alors Petit Amour s'est mis à ronronner, Prunelle a léché la joue de ma fille. On aurait dit qu'ils comprenaient que c'était aujourd'hui le jour de l'an.

Bonne année à tous ceux que j'aime ! Bonne année à vous aussi !

2 janvier

Ponceau et son voisin

Le bon gros chien Ponceau était bavard.

Un jour il rencontra Dick, le chien du voisin et pour le plaisir de parler lui vanta si bien les mérites de sa niche que l'autre désira la visiter.

La niche était vaste et chaude.

Dick, tout en admirant cette merveille avec force compliments, aperçut dans l'ombre un os énorme et fleurant bon; la salive lui en vint à la gueule. Comment pourrais-je faire pour me l'approprier, pensa-t-il ? Il était rusé. Alors une idée lui vint. Il dit à Ponceau :

— On a sonné à la porte de la maison.

— Je n'ai rien entendu, répondit Ponceau.

— Si, si, je vous l'assure, mon ami.

Alors Ponceau, en bon gardien, s'en fut faire son devoir.

Pendant ce temps, le gourmand, d'une dent experte croqua l'os convoité.

Ponceau en fut scandalisé. En qui pouvait-on avoir confiance !

3 janvier

les jouets se révoltent

— Comment, tes jouets vont rester à terre toute la nuit ! s'exclama la maman de Frédéric. Petit paresseux !

Avant de s'endormir au milieu du désordre, Frédéric resta pensif. Soudain un grand bruit se produisit.

La voiture de pompiers traversait la chambre, sirène branchée. Le petit ours en peluche pleurait à chaudes larmes, se tenant la patte meurtrie par un camion-benne. Le jeu de construction s'écroulait bruyamment, tandis que la voiture de course écrasait les livres.

— Stop ! s'écria Frédéric affolé, désormais je rangerai mes jouets.

Le matin venu, il retrouva sa chambre silencieuse et crut avoir rêvé mais tint sa promesse.

4 janvier

un matin pas ordinaire

En s'éveillant, ce matin-là, Isabelle sentit que ce n'était pas un matin ordinaire.

Sautant de son lit, elle courut à la fenêtre.

Admirative, elle écrasa le bout de son nez sur la vitre.

La terre s'était parée d'une robe de blanc duvet.

On aurait dit qu'elle sommeillait encore car Isabelle n'entendait aucun bruit.

Avec elle, s'était endormie la nature; dehors rien ne bougeait.

Même les oiseaux avaient disparu.

Le soleil, rouge de courroux, s'élevait à l'horizon.

En colère, il l'était de n'avoir pu réveiller la terre ce matin-là.

Un vent glacé avait givré les arbres et suspendait des guirlandes aux gouttières.

Ce matin-là n'était pas un matin ordinaire, c'était l'hiver, petite Isabelle !

5 janvier

la petite perruche

Ninette avait reçu pour Noël le plus joli des cadeaux, le plus bavard aussi : une jolie perruche multicolore. La fillette ne se lassait pas de voir sa petite compagne faire des mines devant son image, heurtant du bec la paroi de la glace minuscule dans ses élans affectueux. Pourtant, l'oiseau comprit bien vite qu'il était seul et commença à dépérir, refusant toute nourriture et restant des heures entières dans un coin de la cage, la tête sous son aile.

Alors Ninette prit une grave décision. Elle vida sa tirelire et se rendit chez l'oiseleur où elle choisit un petit compagnon pour sa perruche esseulée.

Quelle joie dans la cage ! Quels bavardages ! L'appétit est retrouvé et les graines sont partagées par les deux oiseaux.

Ninette est ravie.

6 janvier

la légende de l'Épiphanie

La princesse Isoline est en âge de se marier. Au bal de ses vingt ans, beaucoup de princes charmants lui ont été présentés. Mais Isoline ne sait lequel choisir, ils sont tous si gentils.

Brusquement, elle a une idée.

Elle va trouver le pâtissier du château et le prie de lui confectionner une immense galette feuilletée.

Avant que la pâte soit enfournée, Isoline y laisse tomber sa bague.

Le lendemain, elle invite ses prétendants à un goûter. Ayant découpé la galette, elle demande au plus jeune des princes de lui désigner la part de chacun. Lorsque l'heureux élu vient lui glisser la bague au doigt, en échange elle pose sur sa tête sa couronne d'or.

Ceci se passait un six janvier. C'est pourquoi, chaque année, à pareille date, l'on déguste des galettes pour élire un roi ou une reine d'un jour.

7 janvier

allons patiner Martine !

Il neige des plumes de cygne,
Il tombe des flocons ouatés.
L'hiver s'annonce par ce signe.
Sur le lac, allons patiner
Main dans la main, jolie Martine.

8 janvier

promenade en hiver

La mi-janvier approche. C'est le plein hiver et pourtant la neige n'a pas nappé la campagne de cette couche de crème fouettée qui fait la joie des enfants et la détresse des voitures le matin de bonne heure !

Pas de boules de neige, pas de glissades mais un beau ciel azur et un soleil éclatant qui ne parvient pas à réchauffer l'air glacé.

— Prépare-toi, dit papa à Véronique, nous partons en promenade à bicyclette !

Tout en enfilant pull-over, moufles et cagoule, Véronique songe qu'elle reverra peut-être le poney dans la prairie, que les prunelles seront mûres à point, que...

Papa décide de prendre un autre itinéraire. Véronique oublie son nez rougi, ses doigts gourds et son haleine fumante devant ces paysages nouveaux, ces détours imprévus. Décidément, papa est plein d'imagination et chaque promenade réserve bien des surprises...

9 janvier

deux amis affamés

— Toc ! toc ! toc !

Maman s'approche de la vitre...

Pipiou le rossignol et Anna la mésange charbonnière trouvent que la mangeoire est singulièrement vide. Bien sûr, ils ont fait la grasse matinée mais d'ordinaire, il reste quelques graines, quelques miettes de pain et d'œuf, quelques morceaux de lard !

De grandes croix balafrent le tapis blanc qui a recouvert le jardin pendant la nuit; dame tourterelle est passée par là.

Maman a pitié de quémandeurs aussi charmants et remplit à nouveau la mangeoire.

En remerciement, Pipiou et Anna sifflent un duo, mais demain, ils se lèveront plus tôt. Comptez-y !

10 janvier

Claudy fait du ski

Claudy le chaton passe ses vacances à la montagne. Il veut faire du ski.

Tout d'abord, il a eu grand-peur dans le téléférique qui le montait jusqu'à la piste de ski.

Enfin son rêve se réalise, il va pouvoir dévaler les pentes neigeuses.

Claudy a mis de bonnes chaussures, fixé ses skis et, à l'aide des bâtons, marche doucement afin de ne pas tomber. Mais il glisse, prend de la vitesse, glisse plus vite, voici un virage ! un autre ! Patatras ! Quelle chute !

Heureusement la neige est molle et il ne s'est pas fait trop mal. Il essaie de se relever à l'aide des bâtons mais il n'y parvient pas et... plof ! Voici le chaton à nouveau étalé dans la neige.

Sans se décourager, Claudy recommence plusieurs fois cet exercice... puis repart courageusement.

C'est en forgeant que l'on devient forgeron, avait dit maman Chat !

11 janvier

le bonhomme de neige

Un petit bonhomme de neige décide de quitter le jardin où il se trouve et de grimper sur la cheminée du toit de la maison de Brigitte.

Au prix de gros efforts, il arrive à mettre ses pieds sur le rebord de la cheminée.

Comme il fait chaud soudain ! Pauvre bonhomme; il commence à fondre.

— Ce n'est pas possible, dit-il.

Il tente de se sauver à toute vitesse, mais il se liquéfie.

Jamais il ne se sortira de cette atroce situation.

Heureusement, trois corbeaux viennent à son secours et le posent rapidement dans le jardin.

— Merci, dit le bonhomme qui durcit de nouveau au contact du froid.

12 janvier

tombe la neige, pleure le vent

Dehors, tombe la neige
et pleure le vent.

Devant la cheminée,
se pelotonne le chat
et rêve le chien.

Le canari jaune, dans sa cage,
s'est endormi.

Le poisson rouge immobile,
dans son aquarium fait des bulles.

Tic-tac, tic-tac, chante
la vieille pendule.

Le nez aux carreaux, Stéphanie
regarde voltiger les flocons blancs.

Dehors, tombe la neige
et pleure le vent.

13 janvier

le casse-noisette

Lorsque Sylvain rend visite à sa grand-mère, il va tout droit à l'étagère où trône son jouet favori : un ravissant casse-noisette sculpté joliment.

— Prends-en soin, lui recommande sa grand-mère car il appartenait au père de mon grand-père.

Sylvain rêve en pensant à celui qui avait sculpté le casse-noisette avec amour. Pourtant un jour il demande à rentrer chez lui plus tôt que d'habitude laissant le casse-noisette caché derrière un livre. Il pense l'avoir cassé et le cœur gros n'ose l'avouer.

Le lendemain sa grand-mère vient le voir et lui dit :

— Ne pleure pas, c'est ma petite voisine qui a abîmé le casse-noisette. Il faut toujours avouer lorsqu'on croit avoir fait une sottise.

14 janvier

le parapluie rouge

Dans le joli porte-parapluies en faïence bleue, un parapluie de soie rouge se reposait près d'une canne au pommeau d'ivoire.

— Quel bonheur ! confiait-il à sa voisine, voici venu le mois de janvier. C'est pour moi l'un des plus gais de l'année. Tous les jours, je pars en promenade, parfois, je reste replié, accroché au bras de Lucie notre propriétaire, mais souvent elle doit m'ouvrir en toute hâte. Alors, j'étends au-dessus d'elle ma soie chatoyante sur laquelle rebondissent les gouttes glacées.

Mais ce que j'aime par-dessus tout, c'est la protéger de la neige ! Légers, légers, les flocons atterrissent délicatement en faisant un bruit doux, presque un chuchotement. Ploc, ploc, rapidement je disparais sous un duvet blanc. Lucie alors me secoue gaiement et je suis sec en un instant. Ah ! le joli mois que ce mois-là !

Mais la canne hautaine et dédaigneuse, dormait et ne répondit pas...

15 janvier

Daky le canard

Il y avait plusieurs jours que Daky, le canard de la ferme n'avait pu en raison du mauvais temps, rejoindre ses amis sur l'étang voisin.

Un pâle soleil d'hiver se montrant enfin, il prit la décision d'aller les retrouver.

Oh ! sa surprise fut grande en arrivant à l'étang, que se passait-il ?

Une grande glace recouvrait sa surface. Tout était silence. Seul, un hibou nichant dans un vieux saule le renseigna :

— Hou, hou, c'est le bonhomme Janvier qui a posé son grand miroir...

— Comme c'est curieux, pensa Daky. Il voulut voir le phénomène de près.

Hélas ! au lieu de se poser avec élégance, selon son habitude, il fit une superbe glissade et se retrouva assis sur son petit croupion un peu plus loin.

Cette position était vexante pour un canard. Alors, dépité, il décida de rentrer à la ferme et d'attendre des jours meilleurs.

16 janvier

les robes de poupées

— Je m'ennuie, je m'ennuie, maugréait Murielle la blonde, le front collé contre la vitre.

— Je n'ai plus rien à lire. Que faire ? soupirait Nadine la rousse, en tortillant ses nattes.

— Venez petites, dit leur grand-mère. Je vais organiser un concours. Voyez ces deux jolies pièces de tissu dont l'une représente des guirlandes de cerises et l'autre un semis de bleuets. Voici une paire de ciseaux, du fil et des aiguilles. La première qui aura terminé une robe pour sa poupée recevra un beau cadeau.

— Vite, vite une aiguille, je commence tout de suite, affirma Nadine.

— Une surprise, laquelle ? dit Murielle, enfilant laborieusement une aiguillée.

Les petits doigts taillèrent, froissèrent le coton et furent piqués bien souvent, mais ainsi le temps fila vite...

Grand-mère, malicieuse, récompensa les fillettes d'une jolie trousse à ouvrage et admira beaucoup les robes.

Les longues heures d'hiver avaient été bien employées.

17 janvier

le lapin nain

Afin de récompenser petit Pierre qui avait bien travaillé à l'école, son parrain lui fit cadeau un jour du plus beau des présents : un ravissant petit lapin gris, bien vivant avec de longues oreilles comme un vrai lièvre des forêts. Il bondissait souvent et très haut ce coquin de lapereau et petit Pierre le poursuivait en riant aux éclats.

La nuit, il dormait près de son jeune maître sur un joli coussin, le jour, il courait partout en faisant des cabrioles. Un jour pourtant, le papa de petit Pierre prit une grosse voix !

— Qui ronge les fils électriques, et les pieds de table ?

Le petit garçon baissa la tête, il connaissait bien le coupable ! Alors avec l'aide de son papa, petit Pierre construisit un joli abri pour son protégé. Dès lors Bumpy y rongea sagement ses carottes en attendant le retour de Pierre. Alors il put reprendre ses cabrioles et ses jeux mais surveillé et loin des fils électriques tentateurs !

18 janvier

Nani a mal aux dents

Ce matin-là, Nani le gentil petit nain se réveilla de méchante humeur car il avait mal aux dents. Grognon il s'assit en se tenant la joue.

— Qu'as-tu Nani ? dit la clochette compatissante. Ta joue est rouge et enflée !

— Ah ! je suis bien malheureux, soupira Nani. Une vilaine dent me fait souffrir et j'ai si peur que je n'ose pas aller chez le dentiste. Tu as bien de la chance de ne pas avoir mal aux dents.

— Mais tu sais je souffre parfois cruellement des racines, dit la fleurette. Alors le jardinier me soigne, s'il me voit dépérir.

Un peu honteux, Nani alla chez le dentiste.

Nani promit de ne pas être si poltron la prochaine fois.

19 janvier

petite chanson pour sauter à la corde

Il était une fois
Un grand roi
Tout en bois.
Sur son cheval il monta,
Basculi bascula,
Patatras !
Le grand roi
Tout en bois
Se cassa.

20 janvier

madame Hibou baby-sitter

Madame Hibou habitait au cœur de la forêt une petite maison proprette qu'elle décorait avec soin. Hélas ! elle vivait seule et s'ennuyait.

Un jour, madame Ecureuil invita ses amies, madame Lapin et mademoiselle Souris, à prendre le thé. Elle pria madame Hibou de se joindre à elles.

La conversation allait bon train. Ces dames échangeaient des recettes de cuisine et racontaient les dernières aventures arrivées à leur progéniture.

Seule, madame Hibou restait muette sur ce point et écoutait en soupirant.

Au bout d'un moment, ces dames s'aperçurent de sa tristesse et lui proposèrent la garde de leurs petits.

— Oh ! quelle merveilleuse idée ! s'exclama madame Hibou, cela me ferait grand plaisir !

21 janvier

Gontran l'écervelé

Gontran l'écureuil, est perplexe.

Il a passé tout l'été à accumuler graines et noisettes au creux des vieux arbres.

Mais voilà, il n'a pas de mémoire et chaque année, la même scène se renouvelle.

Il grimpe de tronc en tronc, affairé, fébrile, va, vient, sans résultat.

Ses provisions sont si bien dissimulées qu'il est incapable de les retrouver.

Elles ne sont pas perdues pour tout le monde et Florestan, le pic bigarré, vient y puiser les graines de pin dont il raffole.

Le reste, expulsé au printemps par quelque oiseau désirant installer son nid, tombera sur l'humus humide et germera pour donner vie à un nouvel arbuste.

Pour l'instant, Gontran meurt de faim et si son étourderie est utile à la forêt, cela ne le console guère.

— Allons faire un tour du côté de la mangeoire aux mésanges se dit Gontran, elle ne contient pas des mets de choix, mais au moins j'aurai l'estomac plein !

22 janvier

l'arbre est mort

Aurélie est désolée. Les bras ballants, l'air triste, elle est plantée devant un arbre dépouillé. Des larmes coulent sur ses joues.

— Pourquoi restes-tu à contempler cet arbre ? lui demande son père.

— Il est mort, répond Aurélie, entre deux sanglots.

— Mais non ! la rassure-t-il en la prenant dans ses bras. C'est l'hiver, ce chêne a perdu ses feuilles, il dort comme tu te reposes pendant la nuit ! Au printemps il se couvrira de bourgeons puis de nouvelles feuilles et, l'été venu, il te protègera du soleil.

Deux gros baisers claquent sur les joues de la fillette, réconfortée.

Le cœur débordant de joie, Aurélie murmure « Vivement le printemps ! »

23 janvier

Cachi, Cachou, les deux chatons

Rayé de brun et tigré de roux,
Deux petits chats mignons comme tout,
Dans le jardin se promenaient,
Après avoir lapé leur lait.
— Regarde là ! une feuille de chou !
Si nous nous cachions dessous.
La pluie menace, je le sens bien,
Et de la maison nous sommes loin.
S'aplatissant, Cachou le premier,
Sous la grande feuille s'est faufilé.
Cachi alors suivit son frère,
Traînant ses flancs jusque par terre.
Une chenille à cet instant,
Surgit sous le nez des imprudents.
Rampa leur fit très peur,
Pour les chasser de sa demeure.
— C'est un dragon ! gémit Cachou,
Prenant ses pattes à son cou.
Cachi, moustaches hérissées,
S'empressa bien sûr de se sauver.
Dans leur corbeille au coin du feu,
Les deux chatons aventureux,
Se remettent de leurs émotions,
En ronronnant de belle façon.

24 janvier

Pipo l'orphelin

Pipo, le faisan, va et vient dans la cuisine tiédie par le poêle qui ronronne doucement ; il se rit de la neige qui couvre la campagne, il se moque du vent et de la froidure.

Pipo est orphelin, seul rescapé d'une couvée qui a péri parce que la couveuse était tombée en panne. Pipo perçait la coquille de son œuf lorsque la fermière est venue constater les dégâts. Elle a recueilli Pipo, l'a installé dans le four de la cuisinière, lui a donné la becquée plusieurs fois par jour.

Maintenant, c'est un fier gaillard qui fait admirer ses plumes multicolores aux coquelets et aux poulettes de la basse-cour. Il considère toujours la fermière comme sa maman et, perché sur son épaule, picore dans son assiette. Bientôt, elle le libérera et le rendra à la vie sauvage. Il rencontrera une jolie poule faisane, aura une multitude d'enfants... En attendant, il profite de la douce chaleur de la maison.

25 janvier

patatras !

Une pellicule de glace recouvre la colline. Colin et Pascale décident de faire de la luge.

— Attention ! la couche est très mince et vous allez buter dans l'herbe ! avertit papa.

Colin et Pascale négligent ces recommandations et s'élancent de toutes leurs forces. Une pierre semble se précipiter à leur rencontre, les talons entament la terre désespérément, la luge vibre et... patatras ! quelle belle envolée ! Des formes rouges et vertes traversent l'azur et retombent sur la neige ; des « ouille » et des « aïe » tonitruants se font entendre.

Colin et Pascale en sont quitte pour de larges égratignures mais la prochaine fois, ils sauront que leur père est de bon conseil !

26 janvier

la boîte du magicien

— Où est le chat ?
Dit le rat.
— Il est parti,
Dit la souris.
— Vous pouvez sortir,
Annonce le fakir.
— Mais peut-être s'est-il caché
Pour mieux vous croquer !
Et d'un coup de baguette
Sur la tête,
Tous les deux, il les a changés
En blancs lapins ébouriffés.

27 janvier

retour au nid

Un beau matin, Titi, le petit moineau, ouvrit les yeux et constata qu'il s'était endormi dans un tas de feuilles que la neige avait recouvert.

Depuis combien de temps dormait-il là ?

En vain, il essaya de voler. Il n'avait pas assez de force.

La forêt était déserte.

Heureusement, Titi était emmitouflé dans une écharpe moelleuse et portait un bonnet de laine pour se protéger du froid.

Soudain, maman Moineau vint à survoler cet endroit de la forêt.

— J'ai retrouvé Titi, cria-t-elle, je le reconnais grâce à son bonnet vert !

On se réjouit ce jour-là, dans le nid des moineaux.

28 janvier

l'heure du thé

Les bras chargés de fleurs, Nelly et Catherine attendent avec impatience à la porte du jardin l'arrivée de leurs grands-parents.

Enfin les voilà !

Les fillettes se précipitent dans leurs bras et les embrassent longuement.

— Voici des fleurs pour toi, grand-mère, nous les avons cueillies tout exprès, disent Nelly et Catherine.

— Vous êtes adorables mes chéries, répond la grand-mère et j'ai beaucoup de bonnes choses pour vous.

Puis elle sort de son grand cabas : du pain d'épice, du miel doré provenant des ruches de grand-père, de la confiture de mûres mais aussi quelques autres friandises.

— Nous allons faire un excellent goûter, dit la maman. Je vais préparer le thé et un bon chocolat. Gageons que votre grand-père préfèrera le chocolat !

29 janvier

Mirou l'ourson

Mirou le petit ourson blanc joue avec ses amis les pingouins et dit :

— J'irai pêcher un gros poisson.

— Ne va pas si loin !

— Je veux un gros, gros poisson !

Mirou part au bord de la banquise bleue. Il fait un petit trou et plonge sa patte. Il n'entend pas la banquise craquer.

Les esquimaux arrêtent leur traîneau :

— Là-bas, sur la glace flottante, un ourson blanc ! Sauvons-le !

— Vite, un kayac à l'eau !

L'esquimau pagaie, arrive sur la petite île et attrape Mirou.

— J'ai pêché un énorme poisson !

— Ah ! Mirou, tu ne vois jamais le danger. Tu n'aurais pas pu revenir tout seul sur la banquise, petit ourson blanc entêté !

30 janvier

une future danseuse étoile

Un jeté battu, un grand écart, une arabesque...

Florence fixe passionnément l'écran de télévision, le menton entre les mains, les yeux agrandis d'émerveillement, les pieds battant la mesure et la bouche béate.

Elle ne se rassasie pas de contempler la danseuse étoile évoluant dans un frou-frou de tulle blanc et une frénésie d'entrechats. Peu à peu son visage se superpose à celui de la ballerine; maintenant c'est son propre corps qui exécute les figures : elle se renverse entre les bras du danseur étoile venu d'au-delà des mers. Ses pieds effleurent le sol avec agilité, ses bras traversent l'air en frémissant.

L'horloge lui rappelle soudain qu'il est dix heures et que demain elle doit être en forme pour passer l'examen d'entrée à l'opéra !

31 janvier

le petit âne

Sur le trottoir luisant de pluie se tenait un joli petit âne, immobile et la tête penchée. De chaque côté de ses flancs rebondis, un grand couffin débordait de petits flacons et de sachets colorés emplis de lavande.

— Achetez, achetez ma jolie lavande ! criait un jeune garçon.

— Ah ! soupirait le petit âne, comme j'aimerais retourner dans mon Midi natal et me promener dans les champs bleuis par la lavande. Et me voilà, tout bête, les yeux brûlés par ces guirlandes électriques qui remplacent le soleil.

A cet instant, une petite fille haute comme trois pommes surgit avec sa maman devant l'ânon, et s'écria d'une voix émerveillée :

— Maman ! regarde un vrai petit âne tout vivant, avec de vraies oreilles et de vraies pattes ! juste comme celui de la crèche de Noël. Achète-le, il sera plus heureux dans notre maison, à la campagne.

La maman acheta le petit âne qui, bientôt, se promena dans les champs de lavande avec la fillette.

1er février

l'hiver

L'hiver est long
dit le mouton,
Dans mon étable,
je tourne en rond.

L'hiver est doux
reprend le chat,
Auprès du feu,
j'oublie les rats.

Durant l'hiver
dit le hibou,
les nuits sont froides
et claires pour nous.

Moi dit l'enfant,
pour la Chandeleur,
je mange les crêpes
sautées au beurre.

2 février

la Chandeleur

Le joli mois de février,
Celui des crêpes et des beignets.
Maman s'affaire dans la cuisine,
Pesant les œufs et la farine.
Un peu de lait et un peu d'eau,
Voici la pâte près du réchaud.
Enfin voici sautant de joie,
Sophie, Sylvie, et puis le chat.
Les crêpes cuisent et sentent bon,
Lancées très haut vers le plafond.
Parfois l'une d'elles manque la poêle,
Minet s'élance et s'en régale.
Le joli mois pour les gourmands,
« Vive la Chandeleur ! »
disent les enfants.

3 février

la souris grise

Une souris grise
Portant sa valise,
S'en fut gare de Lyon
Dans un gros camion.
Une souris grise
Portant sa valise,
S'arrêta
Dans le Jura,
A la maison forestière,
Dans une meule de gruyère.
— Oh ! Hé ! qui tape là ?
Était-ce un rat
Qui toute la nuit grignota ?
Au matin, la souris grise
En oubliant sa valise,
Quitta la meule de gruyère
De la maison forestière.
Car celui qui grignota,
Était un gros chat !
Tra ! la ! la ! la ! la !

4 février

la ronde des couleurs

Blanc, tout blanc,
je suis le cygne majestueux
vêtu des couleurs de l'hiver frileux.

Rose, tout rose,
je suis le cochon tout rond,
paré aux tons du soleil hivernal.

Jaune, tout jaune,
je suis le poussin duveté
auréolé de l'or des fêtes de fin d'année.

Rousse, toute rousse
je suis la fouine élégante
semblable à la flamme
du feu de bois.

5 février

le petit train

Le petit train n'est pas content,
Il ne siffle plus, il va toussant.
L'hiver est froid, les rails gelés,
Et le voici tout enrhumé.
L'herbe est malade sur les talus,
Les coquelicots ne poussent plus.
— Mais admire donc, dit le loriot,
Les fleurs de givre comme c'est beau !
La neige qui tombe à gros flocons,
Protège les graines qui germeront.
Allons courage, siffle gaiement,
Car dans deux mois c'est le printemps.

6 février

ce matin-là

La mésange a mis son bonnet et enfilé ses collants. Il neige ce matin.

Le lapin a chaussé ses raquettes; il va se promener. Le vent est froid ce matin.

Aux piquants du hérisson se sont accrochées mille gouttelettes de givre. Brr, il ne fait pas chaud ce matin.

Le chat s'essuie les pattes et s'engouffre dans la maison. Quel vilain temps ce matin !

Le bout du nez du petit Pierre, pointant entre le bonnet et l'écharpe, est tout rouge, car sa luge glisse très vite sur la neige glacée.

Quel beau matin, ce matin-là !

7 février

Mardi gras

— Coucou ! Je suis Arlequin.
— Coucou ! Je suis Shéhérazade.
— Coucou ! Je suis Pierrot.

La ronde des masques traverse la maison comme un ouragan. Les rires et les chansons fusent de toutes parts.

— Tous au grenier !

Une ruée joyeuse grimpe les escaliers et dévalise les malles pleines de vieux oripeaux. Chacun se déguise et la ronde reprend de plus belle.

Maman contemple sa maison dévastée mais elle est contente de constater que ses enfants ont fêté joyeusement le Mardi gras.

8 février

Gentil panda

Dans un coin de l'Himalaya,
Habite un très gentil panda.
Du matin au soir il s'amuse
Avec tous ses nombreux amis.
Il se promène, se nourrit,
Et la journée passe bien vite.
Sa fourrure épaisse l'abrite
Du froid, de la neige et du vent.
Toujours heureux, toujours content,
Gentil panda court dans le vent.

9 février

la Fée des Neiges

Pierre, par une froide journée d'hiver, où la campagne est muette et revêtue d'un blanc manteau, rencontra un régiment de flocons de neige; ils ne tombaient pas du ciel, ils couraient sur la terre en rangs serrés; c'étaient les soldats de la Fée des Neiges.

Ils l'entourèrent et le prièrent de les suivre; ainsi escorté, il atteignit un grand château de glace.

Ses murs étaient de neige tourbillonnante, les fenêtres et les portes, de glace brillante.

Enfin, sur un lac gelé, il vit, assise sur un trône de scintillants cristaux la Fée des Neiges.

Le petit Pierre était tout blême de froid, mais son cœur était un soleil, il n'avait pas peur de la fée, elle était trop belle, vêtue de blanc.

— Madame la Fée, dit-il, je viens vous demander grâce pour mes amis les oiseaux. Votre bise couvre les arbres de givre et mes amis ont faim et froid !

Pierre était si touchant dans sa prière que la fée attendrie lui dit :

— Je vais faire quelque chose pour toi, ferme les yeux et ne les ouvre qu'à la porte de mon royaume.

Et en chemin les vents se taisaient, la neige fondait sous ses pas et il entendait les oiseaux chanter la joie.

Enfin il ouvrit les yeux et vit sa maman lui sourire auprès de son lit.

C'était un beau rêve...

10 février

dans l'attente du printemps

— Papa, pourquoi fais-tu un si grand trou dans le jardin ?

— Parce que je vais y planter cet arbre. Pour l'instant il paraît mort, ses branches sont dénudées, mais, dès les premiers rayons du soleil, les bourgeons s'ouvriront pour laisser la place à de belles fleurs roses.

— Alors je vais pouvoir semer mes graines aussi ?

— Non, il fait encore trop froid, l'hiver n'est pas terminé et les semences gèleraient. Attends le mois prochain et tu auras des fleurs tout l'été.

11 février

la poupée enchantée

Sandrine a reçu pour son anniversaire une bien jolie poupée qu'elle a prénommée : Sandra.

En ce jour d'hiver très froid, la petite fille décide d'aller patiner sur le lac et elle emmène Sandra.

Mais soudain, Sandra semble vivre et quitte les bras de Sandrine. Elle virevolte elle aussi sur la glace, elle patine, elle rit.

Sandrine, ahurie, incrédule, n'en est pas moins émerveillée, et toute à sa joie, s'amuse beaucoup.

Et puis, fatiguée, l'enfant décide de rentrer à la maison. Sandra a compris sans doute l'appel muet car elle vient retrouver les bras de sa petite maman, et tout enchantement, toute féerie disparaissent.

Sandrine a-t-elle rêvé ? Qui sait ?

12 février

demain l'hiver s'envolera

Bien au chaud dans leur maison de bois, accrochée à la plus haute branche du cerisier, la famille Rossignol attend que s'envole l'hiver.

Dehors, souffle le vent et tombe la neige.

Devant la cheminée, madame Rossignol dévide un écheveau de blanche laine. Monsieur Rossignol répare la pendule de leurs voisins, les Rouges-Gorges. Dans leur lit, à poings fermés, dorment les enfants. Le feu ronronne dans l'âtre.

Dehors, la neige ne voltige plus et le vent s'est tu, alors que glace l'eau de la mare et que givre le jardin.

Monsieur et madame Rossignol ont soufflé la chandelle et s'endorment paisiblement.

Le long hiver s'envolera demain.

13 février

Chattemite, chattegriffe

Une pelote de laine
dans un panier.
Mon chaton qui s'ennuie,
saute dans la corbeille.
Chattemite, chattegriffe.

Le chaton tire sur la laine,
et mêle la pelote.
Bientôt de la laine
reste prisonnier.
Chattemite, chattegriffe.

Comment vais-je faire
pour tricoter ?
Démêle la laine
et gronde le chaton
qui sur mes genoux
s'est pelotonné
et me regarde d'un air fripon.
Chattemite, chattegriffe.

14 février

la fête des amoureux

Bonne fête à tous les amoureux. C'est aujourd'hui la Saint-Valentin.

Alors, petits amoureux du monde entier, remerciez ce saint fort sympathique qui vous offre l'occasion de dire à votre belle combien elle vous est chère.

Comme le veut la coutume, échangez vite les présents de votre cœur.
Ainsi Pierrot fait cadeau à Colombine d'un croissant de lune pour qu'elle puisse se balancer. Un baiser, elle lui donne en gage de sa fidélité. L'écureuil, lui, fabrique en cachette un beau collier de noisettes dont a tant envie dame Écureuil. Dame Écureuil se réjouit de la joie de son compagnon lorsqu'elle lui remettra la belle pipe qu'elle a achetée pour lui. Souriceau, dans une noix, taille un fauteuil à bascule pour Souricette qui lui tricote un bonnet à pompon.

Paul a cassé sa tirelire car il veut, ce jour-là, que Virginie reçoive des fleurs. Virginie, elle, charge son pigeon blanc d'apporter à Paul son compliment.

Saint-Valentin, tout là-haut dans le ciel, assis sur son étoile, est comblé.

Les nuages ont pris la forme de cœurs et de la terre montent des messages de tendresse. Bonne fête Saint-Valentin te disent les amoureux.

15 février

le pays du bout du monde

A l'autre bout du monde, une petite fille, prénommée Rose de Lune, avance à pas menus, la tête dissimulée sous une ombrelle de papier plissé.

Elle est vêtue d'un kimono fleuri et porte des chaussures à semelle de bois. Ses cheveux, relevés en chignon, sont maintenus par de grandes épingles. Elle habite une maison faite de bois et de papier, qu'éclairent le soir des bougies dissimulées dans des lampions multicolores. Elle dort sur une natte, à même le sol.

Sa maman lui apprend l'art de composer de jolis bouquets. Dans son jardin, on trouve des arbres nains, beaucoup de fleurs et d'oiseaux de toutes les couleurs.

De nombreux petits ponts enjambent un ruisseau. Rose de Lune joue avec un cerf-volant, danse gracieusement avec un éventail.

A la porte de sa maison tintent des clochettes, au moindre souffle de vent. Elle sait manger le riz avec des baguettes, s'incline pour vous remercier et elle a aussi des yeux en amande.

Son pays s'appelle le Japon.

17 février

l'oie blessée

Le vol des oies sauvages passe en triangle au-dessus de la maison des bois où vit Sandrine. Mais soudain, l'une d'entre elles, blessée, tombe sur le sol durci par le gel.

Sandrine se précipite et la prend dans ses bras.

— Pauvre petite, dit-elle, je vais bien te soigner et aux beaux jours, tu pourras rejoindre tes compagnes.

L'oie passe l'hiver avec Sandrine et au printemps, tout à fait remise, elle s'envole dans les marais.

Mais à chaque départ, elle n'omet pas de venir saluer l'enfant.

16 février

chante bouilloire

Chante bouilloire de cuivre
Au-dessus du vieux foyer.
Conte tes belles histoires
Qui parlent du temps passé.
Avec ton eau, nous ferons du thé
Que nous boirons accompagné
De gâteaux à la confiture,
Et de petits fours dorés.
Chante bouilloire de cuivre
Au-dessus du vieux foyer
Où dansent les flammes claires
Qui nous réchauffent le cœur.
Chante tes belles histoires,
Nous voulons toutes les croire,
Elles parlent de bonheur.

18 février

la salamandre

Valérie est emmitouflée jusqu'aux oreilles et la fourrure de son bonnet auréole son joli visage rougi par le froid. Elle aide sa maman à préparer le jardin pour les semailles de printemps. Sa petite bêche pénètre dans le sol et ramène un bloc de terre :

— Regarde ce point rouge ! C'est un caillou ?

— Non ! C'est une salamandre terrestre. Comme elle est jolie, noire tachetée de vermillon ! Elle dormait sous la terre en attendant les beaux jours et il faut la remettre à sa place sinon elle mourra.

— Vite, pose-la bien au chaud au fond du trou, s'écrie Valérie. Je vais planter une branche et l'on ne viendra plus la déranger !

19 février

Amélie et les poupées

Ce soir maman Souris décide d'aller faire ses courses dans un grand magasin.

— Suivez-moi bien, mes mignonnes, recommande-t-elle à ses trois souricettes.

Maman Souris remplit son panier puis rentre chez elle. Soudain elle s'écrie :

— Amélie a disparu !

La coquine s'est glissée au rayon des jouets et admire les poupées aux robes magnifiques qui s'y trouvent.

Elle les installe à table et leur prépare un délicieux chocolat, accompagné de brioches dorées.

Soudain un gros chat noir apparaît. Amélie a peur et s'enfuit.

Bien vite elle se réfugie auprès de sa maman qui la gronde très fort.

20 février

une grand-mère

Ma mamie, dit Véronique, a le visage rond comme celui d'un bébé et ses beaux cheveux argentés passent de son bonnet empesé.

Je suis heureuse quand arrive le dimanche car, en début d'après-midi, papa m'emmène chez mamie.

Alors dans le grand jardin, je joue avec ma chienne Prunelle et le chat de grand-maman, Polichinelle.

Pendant ce temps, dans sa cuisine, mamie nous prépare des crêpes dorées toutes barbouillées de confiture. Nous les mangerons pour le goûter.

Après le goûter, mamie s'installe devant la cheminée. Bien vite, Prunelle et Polichinelle se couchent à ses pieds pendant que moi je grimpe sur ses genoux. Puis en fermant les yeux, nous l'écoutons nous raconter une belle histoire qui commence par « Il était une fois... »

21 février

un joli bouquet

Il pleut, il fait froid, quelle triste journée ! Cathy et Nanou dessinent sagement. Leurs bureaux sont jonchés de crayons feutre et de peintures; des feuilles de papier ont glissé à terre.

Des taches éclatantes apparaissent sous le pinceau appliqué de Cathy.

Ce sont des anémones, des coquelicots et des soucis...

— Maman ! Regarde mon joli bouquet, je l'offrirai ce soir à papa mais j'aimerais mieux lui donner de vraies fleurs.

— Encore un peu de patience, répond maman, bientôt ce sera le printemps.

22 février

Patinage sur le lac

Corinne patine sur le lac gelé et elle est grisée de vent froid et de voltiges.

Les ours viennent l'encourager et l'applaudir.

— Bravo ! tu es une championne !

— Faites-en autant, dit Corinne.

Les ours ne se font pas prier ; bientôt, eux aussi s'élancent hardiment sur le lac brillant au soleil.

— Nous nous amusons bien ! disent-ils ravis.

Un élan venu de loin les admire.

Corinne, lassée, décide d'aller se promener sur le dos de l'élan.

— Bien volontiers, dit celui-ci, il y a tant de choses à voir au Canada.

23 février

devinette

Le chapeau de l'épouvantail
on a posé sur ma tête.

Entre mes bras, on a
glissé le balai de la ménagère.

Une pomme rouge figure mon nez
et deux boulets de charbon, mes yeux.

De neige, les enfants m'ont fait.
Qui suis-je ? si je vous dis
que je nais seulement en hiver,
à condition que tombe la neige.

24 février

les trois ours

Les ours blancs sur la banquise,
Aiment le froid, même la bise.
Dans l'eau glacée sans hameçon,
Ils pêchent bien le gros poisson.
Puis quand ils sont rassasiés,
Sur la glace ils vont s'amuser.
Le gros rocher devient plongeoir,
Un arbre mort, une balançoire.
Ils tombent et roulent sans se blesser,
Par leur fourrure bien protégés.

25 février

Jean le dessinateur

Jean aime dessiner, mais il a une étrange manie : il dessine seulement à l'envers. Ainsi, sa maison ravissante aujourd'hui, présente toit et cheminée à l'envers.

Le chien Rito essaie avec sa patte de mettre la maison dans le sens voulu, mais Jean se fâche :

— Je dessine ainsi, c'est mieux.

— Bon, aboie Rito, ne te mets pas dans des états pareils…

Mais il s'enfuit bien vite, craignant que Jean le dessine les pattes en l'air, marchant sur le dos.

Et il détesterait ce croquis !

26 février

dans la forêt

Dans la forêt sombre et glacée,
Petite belette s'est égarée.
Sous un buisson aux baies rougies,
Jeune belette s'est endormie.
— Voyez ma sœur, dit un hibou,
Un fauve est parmi nous !
Sur nos enfants il faut veiller,
Car il pourrait nous les croquer.
— Je le trouve beau, dit la chouette,
Et bien petit pour une belette !
Allons mon frère un bon mouvement,
Réveillons-le très doucement.
Dès que la lune sera levée,
Nous le mènerons à son terrier.
Maman belette j'en suis certaine,
Nous récompensera de notre peine.
Ne venant plus piller nos nids,
Laissant en paix tous nos petits.
Les deux oiseaux avaient raison,
De vouloir faire une bonne action.

27 février

Babette l'étoile filante

Babette, petite étoile, s'était enrhumée, atchoum ! en admirant la terre d'un peu trop près. C'est qu'elle était si belle la terre, à cette époque, toute vêtue de blanc !

Atchoum ! à chaque fois que Babette éternuait, elle changeait de position dans le ciel. Pauvre marin qui avait besoin d'elle pour se repérer. Il devait rectifier continuellement son cap. En plus, tremblante de fièvre, Babette clignotait constamment. Alors, d'éminents astrologues voyaient en elle un nouveau satellite, non identifié. Devant tout le désordre que la grippe de Babette provoquait, le génie du ciel transforma notre amie en étoile filante. Ainsi, Babette pouvait éternuer sans soucis, atchoum ! et soigner sa grippe.

Mais une fois guérie, Babette ne voulut pas reprendre sa place parmi ses sœurs. Être une étoile filante s'avérait beaucoup plus amusant et, de plus, Babette ne s'enrhumait plus.

28 février

la légende de la Forêt Noire

Sur les bords du Rhin, Yolande, fée de la nuit, s'étant fait surprendre par le jour se transforma en sanglier, puis s'enfuit vers la forêt de sapins, en attendant la nuit pour reprendre sa forme première.

Ce jour-là, le seigneur du château y poursuivait une biche dont le faon était resté à l'abri, dans le taillis. C'est là que la fée le trouva, tout tremblant. Devant la tristesse du petit animal, elle décida de jouer un tour à ce méchant chasseur.

— Forêt, je te veux noire, noire comme la nuit, mon royaume, dit-elle.

Brusquement, tout s'assombrit. Surpris, le seigneur arrêta son cheval et bien vite rentra au château. Libre, la biche put rejoindre son faon.

Cette bande forestière des bords du Rhin s'appelle depuis : la Forêt Noire.

Si une brume étrange s'accroche à ses arbres l'enveloppant de mystère, par moment, c'est qu'une fée s'y promène.

29 février

le petit frère

— Tu es gentille, maman, de m'avoir donné un petit frère.

Maman désigne un gros paquet :

— Ma petite Carole, voici un cadeau.

Carole ouvre la grande boîte :

— Oh ! un joli baigneur ! On dirait un vrai bébé !

— Nous soignerons nos enfants.

Maman savonne le petit Bruno.

Carole baigne son poupon, le frictionne et le rince puis le sèche avec amour.

— Le petit frère est beau et mon bébé a les joues luisantes !

Quand Bruno tète, Carole donne le biberon à son enfant.

Carole pousse la voiture de Bruno qui ouvre des yeux malicieux :

— Il m'a souri, dit Carole ravie. Il m'aime déjà, tu sais, maman !

1er mars

la révolution de Pepito

Pepito, le petit Mexicain vient d'être nommé général, « caramba ! »

Alors, à grands coups de pétards, il fait une révolution « Et viva Pepito ! »

A la tête de son armée, il assiège le village. Il a mis sur sa tête le sombrero de papa et jeté sur son dos le poncho de maman.

Mais voilà : le chapeau trop grand l'empêche de voir et le poncho trop long s'emmêle dans ses jambes.

Et patatras... notre général mord la poussière du chemin. Alors, plus de général !

Pepito se précipite dans les bras de sa maman, en pleurant.

On a remis le chapeau au portemanteau, rangé le poncho dans l'armoire; finie la révolution.

Pepito s'est endormi sur le cœur de sa maman. Duerme, duerme negrito... dors dors, mon enfant...

3 mars

Comptine

Nous sommes cinq petits cochons
Cinq petits frères bien ronds.
Dans la prairie nous gambadons,
En jouant de l'accordéon
Pour faire danser les moutons.

2 mars

l'arc-en-ciel

Aujourd'hui, l'orage oblige les enfants à rester chez eux. Alors Tom prend un livre tandis que Pat regarde par la fenêtre. Soudain Tom s'écrie :

— Ce livre dit qu'à chaque extrémité d'un arc-en-ciel se trouve un tas d'or ! Très excitée, Pat dit à son tour :

— Vois, un arc-en-ciel a remplacé l'orage. Allons vite voir si nous trouvons de l'or ! Les deux enfants prennent donc une brouette et courent dans le pré en faisant des projets :

— J'achèterai une belle voiture ! dit Tom.

— Et moi, un gros manteau de fourrure ! ajoute Pat.

Mais en arrivant à l'endroit où commence l'arc-en-ciel, ils ne découvrent que sept pots, un pot par couleur ! Qui aurait imaginé que l'arc-en-ciel naissait ainsi ?

4 mars

Flip et son moineau

Chaque jour, quand le soleil est encore couché, Flip, l'elfe du Bois-Touffu et son moineau volent, courent s'affairent : ils posent des gouttes de rosée sur l'herbe et la verdure, font chanter les ruisselets, aident les fleurs à s'ouvrir avant les premières lueurs de l'aube, donnent aux petits enfants endormis leurs plus beaux rêves, font encore mille autres choses avant que le jour ne pointe. Puis, ils disparaissent. Personne n'a jamais vu Flip et son moineau, mais tout le monde connaît les chansons des ruisselets, les gouttes de rosée, les fleurs épanouies, les beaux rêves de l'enfance et toutes les choses charmantes et fragiles qui n'existeraient pas si Flip et son moineau ne s'en occupaient pas.

5 mars

Charade

Mon premier se trouve à la cuisine.
Mon deuxième est dans ma chambre.
Mon troisième est un pays lointain.
Mon dernier sert à voler.
Et mon tout est un drôle de personnage.

Solution :
Pot-Lit-Chine-Aile, POLICHINELLE

6 mars

le gentil petit canard

Maman Kot est vexée de voir sortir de l'œuf qu'elle a couvé, un petit qui a les pattes palmées, le bec aplati, qui ne ressemble pas à ses frères et qui ne fait rien comme eux ! Tout le monde se moque de lui, même ses frères qui, rangés sur une branche, le regardent avec ironie voguer sur l'étang. Soudain, clac ! la branche se casse et les poussins tombent à l'eau. Or ils ne savent pas nager, ils vont se noyer ! Mais le caneton se précipite, les met sur son dos et les ramène à la berge !

Dès ce jour, nul ne se moque plus de lui !

7 mars

Charade

Mon premier est un animal familier.
Avec mon deuxième on fait des gâteaux.
Mon troisième est une boisson chaude.
Mon tout est une belle vertu !

Solution : Chat-Riz-Thé, CHARITÉ

8 mars

les mésaventures de dame Fouine

Dame Fouine, affamée en ce soir de printemps, décide de se rendre dans le marais voisin, où niche une belle foulque, dodue à souhait.

Elle quitte le bois à pas pressés et s'avance au milieu des roseaux où la foulque dort dans son nid.

— A moi, la foulque et les œufs, pense dame Fouine qui se pourlèche les babines.

Déjà elle rêve à son festin qui... que... quoi ? Elle vient de tomber bêtement à l'eau. Ce plongeon imprévisible réveille la foulque qui, coléreusement, se précipite vers l'intruse.

— Cot, cot, veux-tu t'en aller au plus vite, voleuse d'œufs ?

Dame Fouine, l'estomac creux, retourne chez elle où l'attend son amie dame Martre qui lui a préparé un bon repas.

9 mars

Kamalou et les rhinocéros

Maman Rhinocéros et son enfant se prélassent dans la savane, deux pique-bœufs sur leur dos, et goûtent la joie de vivre.

Tout semble parfait, mais soudain apparaît Kamalou, le petit Africain, qui essoufflé d'avoir couru, s'écrie :

— Vite, sauvez-vous, j'ai vu deux voitures pleines de chasseurs.

— Ah ! bâille maman Rhinocéros, navrée de devoir se lever, je ne bougerai pas d'ici et au besoin je les mettrai tous en fuite, ces hommes !

Et elle fonce tête baissée dès la première voiture en vue.

Les chasseurs font rapidement demi-tour sans demander leur reste et les rhinocéros rient de bon cœur.

Kamalou revient chez lui accompagné de ses amis de la savane.

10 mars

Flèche Blanche et le jaguar

Un jeune jaguar dans l'immense et luxuriante forêt vierge, attend son ami Flèche Blanche. Il est inquiet.

— Que fait-il ? Il est en retard.

Le petit Indien n'est pas loin de là, mais il est attaché à un arbre. C'est Aigle Noir, le puissant ennemi de la tribu voisine qui se venge à sa façon.

— Les fourmis te mangeront, dit-il en dansant autour de l'arbre.

Heureusement, les perroquets sont les amis de Flèche Blanche et trois d'entre eux préviennent le fauve.

— A nous deux, pense le jaguar.

Il se précipite sur Aigle Noir et rugit puissamment, pendant que deux singes délivrent le jeune Indien.

Aigle Noir jure de ne plus jamais ennuyer la tribu de Flèche Blanche.

11 mars

Agnel l'élégant

Un matin de printemps, tandis que Pascal fait sortir les moutons de la bergerie, Suzette passe au cou du petit Agnel un ruban rouge garni d'un grelot. Curieux, les chatons de la ferme l'examinent, mais le vieux chien Doucky lui lance un regard dédaigneux. Vexé, l'agneau court vers le dindon, mais celui-ci fait la roue et ne tourne même pas la tête de son côté. Alors, mortifié, Agnel se réfugie dans la basse-cour.

— Comme il est beau ! crient aussitôt poules, poussins et canards.

Réconforté et ravi, Agnel se repose jusqu'au soir dans le pré en songeant qu'il est bien doux d'avoir des amis.

12 mars

Nono et Nanette

Nono, le petit écureuil a mis le nez à sa fenêtre. Autour de lui, c'est la fête.

Les arbres ont accroché des papillottes de couleur dans leur chevelure. Les marmottes se baignent dans le ruisseau. La taupe s'active à la construction de son métro souterrain. Le mulot, pour retrouver sa ligne, fait de la course à pied dans le jardin.

Petit écureuil est sorti de sa maison car il veut, lui aussi, participer à cette fête. Alors, il cueille un gros bouquet de fleurs des champs qu'il offre à demoiselle Ecureuil. En échange, Nanette lui fait cadeau de son cœur.

Quelle belle fête, ce jour-là, pour le mariage de Nono et Nanette, les gentils écureuils du printemps.

13 mars

voyage dans l'espace

Céline vient d'avoir la rougeole.

Après une longue semaine passée au lit, c'est sa première journée de convalescence. Ce soir, elle se sent un peu fatiguée. Elle abandonne ses crayons de couleur sur le dessin qu'elle a commencé. Dans un fauteuil, elle s'est blottie et suce son pouce. Les yeux à demi fermés, elle regarde ses crayons n'attendant qu'elle pour courir sur le papier. Mais que se passe-t-il, soudain ? Les crayons se dressent pointe en l'air. Dans une gerbe d'étincelles, ils décollent semblables à des fusées.

Au passage, le crayon vert enlève Céline sur son dos. Ensemble, ils partent pour un voyage interplanétaire. Cap sur la lune ! Céline rit aux éclats. Sur le sol lunaire, elle ne marche pas, elle fait des enjambées de sept lieues. Puis, elle se met à voler, légère comme un papillon. Le voyage s'achève et Céline s'éveille.

14 mars

Câlin

Cette nuit, un petit âne est né chez le père Bertrand, berger de son état et brave homme adorant les bêtes.

Sophie, Céline, Daniel sont venus l'admirer. Comme il est joli avec son poil bourru et gris de bébé âne et ses grands yeux cernés de brun ! Timide il reste blotti contre sa maman, mais dans quelques jours il la suivra au pré, cabriolant sur l'herbe tendre, tandis qu'elle broutera les jeunes chardons.

Lorsqu'à la Saint-Jean, il y aura la fête au village, Câlin l'ânon, attelé à une charrette toute fleurie à côté de sa maman, promènera les enfants du village. Certains le récompenseront d'un sucre ou d'une pomme dont il est friand, d'autres l'embrasseront entre ses deux longues oreilles soyeuses.

15 mars

un bon mercredi

Ce mercredi est triste; il pleut. Pierre-Yves attend impatiemment son amie Catherine. Ah! la voilà enfin.

Les enfants montent au grenier et se déguisent.

— Je suis un clown, dit le garçon à Catherine.

— Et moi, une dame, dit la petite fille en se poudrant le nez.

Certes on s'amuse, mais on est évidemment bien sales à la fin de la journée.

La maman de Pierre-Yves lave soigneusement les enfants avant le départ de Catherine.

— Ce que je me suis amusée! avoue la fillette en goûtant.

— Moi aussi, dit Pierre-Yves. Reconnaissons que ce mercredi a été réussi, malgré la pluie.

16 mars

Comptine

Petit poisson
Dans le ruisseau,
Petit poisson
Du fond de l'eau,
Fuis l'hameçon.
Petit poisson
Dans le ruisseau,
Petit poisson
Du fond de l'eau,
Fuis l'hameçon,
Fais un plongeon.

17 mars

quel étrange enfant !

Madame la Pie couve ses œufs, et ce matin, elle est réjouie : un œuf vient d'éclore.

Maman Pie le regarde émue.

— Coucou, dit le nouveau venu.

Un coucou dans le nid de la pie ! Qui l'y a mis, sinon sa mère ?

Madame la Pie est très en colère, mais résiste à l'envie de se débarrasser de l'oisillon, d'autant plus que les petites pies juste écloses, le trouvent amusant.

Et ravies, elles jacassent du matin au soir :

— Ce coucou est délicieux,
Avec lui, rien d'ennuyeux.
Nous commençons bien nos vies,
De jolies petites pies.

Les animaux des bois, ahuris, vont pourtant féliciter madame la Pie.

18 mars

l'escarpolette de Colombine

Florentin, pousse l'escarpolette de ton amie Véronique.

Tu l'a poussée si fort que la corde a cassé et que l'escarpolette s'est envolée vers le royaume de Colombine.

Colombine a réparé l'escarpolette en tressant des liens de bruyère et d'ajoncs. Puis elle a confectionné un moelleux coussin de roses.

Pierrot a accroché l'escarpolette à une étoile.

Désormais, Colombine se balance parmi les constellations, grâce à Véronique et Florentin.

19 mars

Promenade dans le pré

Lyfo est triste; ses maîtres sont partis et il est seul à la maison.

Il aboie, il gémit et se lamente :

— Ouaaah ! ouaaaah !

— Viens avec nous, proposent deux tourterelles, tu t'amuseras.

Lyfo ne se le fait pas répéter et le voilà bientôt dans le pré.

Comme c'est joli ! Des pâquerettes et des boutons d'or mettent des notes joyeuses dans l'herbe tendre et des papillons se posent sur la tête de Lyfo.

— Ouaaah ! aboie le chien ravi.

Il se roule dans l'herbe, il boit l'eau du ruisseau, court avec trois taupes, s'amuse comme un fou.

La journée passe trop rapidement à son gré, et il retourne chez lui accompagné des tourterelles.

20 mars

Brigitte et le printemps

Brigitte ouvre les yeux et regarde la gouttière. Les hirondelles se sont rassemblées; elles gazouillent très fort.

— Oh ! dit la petite fille, mes amies sont revenues et elles ont apporté le printemps. Bonjour !

Les hirondelles gazouillent et l'une d'entre elles vient se poser en un geste gracieux sur la main de la fillette.

Dans le jardin, les premières tulipes s'ouvrent, et les narcisses à cœur d'or se pavanent.

Brigitte va dehors; elle donne à manger aux hirondelles et arrose bien les fleurs.

Le soleil malicieux fait fondre à toute vitesse les ultimes neiges.

21 mars

Vroom, la petite coccinelle

— Vite, vite voici les premiers rayons du soleil, petite coccinelle, ouvre tes ailes. Sur cette pâquerette, viens vite te poser, tu feras une jolie décoration à mon bouquet.

Debout au milieu de la pelouse, un beau bouquet dans son poing bien serré, Sophie adresse une prière à la première bête à Bon Dieu qui tourne autour d'elle.

La capricieuse et jolie coccinelle vole, revient, se pose à deux pas de là, frôle les cheveux de l'enfant sans jamais s'arrêter. Enfin, pendant quelques secondes, trompée par la couleur vive du ruban, Vroom, la petite coccinelle se pose sur une natte de Sophie qui, émerveillée, n'ose plus bouger. Lorsqu'elle s'envole enfin, la fillette lui envoie un baiser pour la remercier de l'avoir caressée de ses ailes fragiles et soyeuses.

22 mars

une bonne fée

— Demain c'est la fête de maman. Comment faire pour lui offrir des cadeaux ? se demandent les petits rouges-gorges.

— Dans des cocons de chenille, fabriquez des bottes et dans la fleur du muflier, faites un bonnet leur dit Souricette.

Puis, avec Grenouillette, elle les mène chez le campagnol qui leur offre son filet de pêche fait dans une toile d'araignée : cela fera un châle charmant ! Ce soir-là, quelle fête chez dame Rouge-Gorge !

— Qui vous a donné ces belles idées ? demande-t-elle.

— C'est Souricette !

Et, justement, la voilà qui se sauve, la gentille fée de nos petits amis !

23 mars

une mauvaise plaisanterie

Grenouillette, ravie, est assise en ce jour de printemps sur une grande feuille de nénuphar et coasse :

— Coax, coax, la vie est belle et je suis heureuse, coax, coax, coax...

Mais sa joie est de courte durée; Grenouillette chavire sans savoir à quoi est dû cet incident.

— Coax, dit-elle indignée en sortant de l'eau, et elle regarde dans tous les sens.

Soudain, elle découvre Blairet le blaireau qui est l'auteur de ce méchant tour.

Mais les amis de Grenouillette se rassemblent, s'emparent de Blairet, le jettent à l'eau sans façon.

Blairet n'est pas content du tout et il s'enfuit tout honteux.

24 mars

les manèges sont là !

On sent la barbe à papa
Le caramel et le nougat.
Les manèges sont là !
J'irai avec papa.

Il y a un marchand de ballons;
Des rouges des verts et des blancs.
Pour deux francs, les avions,
M'emporteront dans le vent.

A la fête des enfants,
J'irai avec maman.
Nous mangerons une glace
Doucement... doucement
Sans faire de grimaces,
Ni croquer dedans !

Les manèges sont là !
On ira, on ira !

25 mars

l'épouvantail au cœur tendre

Chapeau melon
et redingote
les bras en croix,
virevoltant aux quatre vents,
je suis un drôle d'épouvantail.

Dans ma poche
l'écureuil s'est tapi.
Dans ma manche
la mésange a fait son nid.
Sur mon chapeau
la blanche colombe
s'est perchée.
Je suis l'épouvantail gentil.

Tout l'hiver,
dans la grange je somnole
entre la fourche, la pelle, la pioche
et la charrue.

Au printemps,
après toilette, on me ramène
au potager où aux quatre vents
je virevolte en attendant
mes amis.
Je suis un drôle d'épouvantail
au cœur tendre et si gentil.

26 mars

Noha la pouliche

Nathalie n'en croit pas ses yeux.

Avant de partir en vacances, elle a assisté à la naissance de Noha, une jolie petite pouliche, vacillante sur ses membres frêles. Maintenant, elle retrouve un fier animal qui caracole dans le pré et ne daigne même pas répondre à ses appels.

— Tu ne me reconnais plus? Tiens voilà une sucette, une pomme et quelques carottes, dit Nathalie en lui flattant l'encolure.

Noha a beaucoup apprécié ces friandises et elle ne manque plus d'accourir dès qu'elle voit son amie.

27 mars

l'agate de la couleur du printemps

Sur une table se trouve une agate bleue et jaune ; poussée par le vent, elle tombe et se brise. Le bleu et le jaune sont alors délivrés.

Les hirondelles se hâtent de s'en emparer ; elles les disposent dans le ciel gris.

Ce dernier soudain devient bleu, tandis que le jaune se transforme en un beau soleil.

Les fleurs sortent de terre immédiatement, les nids se construisent et les enfants se mettent à chanter tout en dansant une folle ronde :

— Vive le printemps !

28 mars

la rose des sables

Laïla, la petite Bédouine parlait, en ces termes, à son fennec :

— Dis-moi, mon ami, ce que je dois faire pour que notre tribu devienne riche ?

A ces mots, le fennec dressa l'oreille puis s'échappa des bras de Laïla ! Intriguée, elle le suivit.

Ce dernier se mit brusquement à gratter le sable. Alors, sous les yeux émerveillés de Laïla jaillit une rose pétrifiée au ton corail. Le fennec en trouva tant et tant, que Laïla revint au camp avec une cueillette abondante.

Les roses des sables étaient si belles que le sultan les acheta toutes. Il en fit orner ses habits, son trône et même son palais. Comblé, le sultan se montra fort généreux.

C'est ainsi que Laïla dormit enfin dans une tente multicolore, posséda une belle robe en voile brodée de fils d'or et un chameau pour transporter ses affaires.

Tout ce dont elle avait rêvé.

29 mars

le bal costumé

Ce soir, dans le grenier, il sera donné un grand bal costumé à l'occasion de la mi-carême.

Alors, c'est déjà la fête !

L'épouvantail repasse le pli de son pantalon. Le mannequin d'osier essaie une crinoline et un chapeau fleuri. Souriceau se taille un habit de général dans un morceau de rideau de velours rouge. Avec un abat-jour d'organdi, la chatte s'ajuste une jupe longue. Le hibou se choisit un mouchoir de fine batiste pour se transformer en fantôme. Kiki, le canari pique des fleurs de papier dans ses plumes. Nounours, avec une frange de raphia, se fait un pagne pour devenir un Tahitien. Le chien, toque empesée et veste blanche, s'affaire à dresser le buffet.

Sur l'estrade, l'orchestre des canards accorde ses violons. La fête va bientôt commencer.

30 mars

une plume bleue

Une plume bleue, tombée de la gorge d'un oiseau s'est piquée dans la chevelure d'une jeune fille.

Mais la brise capricieuse fait voler la plume et sur mon livre ouvert la pose.

Mais mon chien éternue et la plume voltige sur le bout du nez du chat.

Mon chat dort et sous son souffle régulier la plume palpite comme pour s'envoler.

Un courant d'air malicieux, s'engouffrant entre les pages de mon livre enlève la plume du nez du chat.

Vers le ciel, la plume s'élève puis tournoie jusqu'à ce qu'une hirondelle la gobe.

Pour un papillon, elle l'a prise.

Une plume bleue, tombée de la gorge d'un oiseau sur mon livre ouvert se pose et, entre deux pages, elle y est maintenant retenue prisonnière.

31 mars

Longoreille le paresseux

Le petit lièvre Longoreille n'a pas envie de travailler. Mécontent, son papa le gronde et l'envoie en classe.

Mais en chemin Longoreille rencontre des camarades.

— Ce matin, l'école est fermée ! lui crient-ils. Tout joyeux Longoreille bondit vers l'étang.

— Viens jouer, lui dit le caneton.

— Je ne sais pas nager avoue le petit lièvre. Plus loin il aperçoit le renard qui dort, et vite, il détale. « Croa ! » lui crie le corbeau.

Effrayé, Longoreille se sauve. Mais il a grand-faim.

— Invitez-moi donc à manger vos choux, propose-t-il aux lapins. Mais une poule survient :

— Tu mangeras quand tu auras travaillé, gronde-t-elle.

— Alors je vais t'aider à peindre tes beaux œufs, répond-il en se mettant aussitôt à l'ouvrage.

1er avril

Poisson d'avril !

Le 1er avril, le petit singe Plouc a remarqué que l'espiègle Loulou a accroché au dos d'un vieux voisin un écriteau sur lequel s'étalent ces mots : « Poisson d'avril ! »

« Ça doit être bien amusant d'avoir un écriteau dans le dos ! » pense Plouc. Alors d'une patte preste, il s'empare de l'écriteau et le suspend au dos de son petit maître Loulou.

Et voilà comment les passants ont bien ri en voyant l'espiègle Loulou se promener toute la journée sans se douter qu'un ridicule écriteau se balançait dans son dos.

2 avril

César sur la piste

— Ah ! j'en ai assez de tirer cette vieille carriole ! Dételez-moi vite, mes petits amis, et allons tous les trois nous amuser à la foire du village ! s'écrie un jour César, le joyeux cheval de Rémi et Céline.

— Quelle bonne idée ! répondent les enfants en dételant César et en grimpant sur son dos.

César part au galop avec Rémi et Céline. Bientôt ils arrivent à la foire et ils entrent dans un cirque magnifique.

Sur la piste, des chevaux blancs trottent sans entrain, tandis que le public bâille avec ennui.

Alors, César s'élance sur la piste et se met à cabrioler si drôlement que des « bravos » éclatent de tous côtés. Quel triomphe !

Après le spectacle, les gens du cirque offrent à César de rester avec eux.

— Jamais je ne quitterai mes petits maîtres qui sont si bons pour moi ! répond-il bravement.

3 avril

Coquinot le courageux

Quatre canetons sortent de leur coquille et, aussitôt, trois d'entre eux s'affairent à chercher des graines. Mais le plus petit, Coquinot, qui est peureux, reste près de dame Cane.

— Tous au bain ! dit celle-ci. Voilà donc les canetons dans l'eau, tandis que Coquinot se cache dans les herbes de la rive.

— Viens donc t'amuser avec nous ! lui crient les grenouilles. Alors, honteux, Coquinot plonge, se débat, barbote enfin dans l'eau ! Puis, tout joyeux, il pense : Je nage... J'étais bien sot d'avoir si peur !

4 avril

le terrible enfant gâté

Il y a cinq enfants à la maison.

Deux garçons qui jouent au ballon.

Deux petites filles qui écoutent des chansons.

Ah ! j'en ai oublié un ! Lequel ?

Le plus malin, le plus taquin, le plus coquin, le plus aimé !

Il se cache dans les voitures de poupées. Il a peur des gros crabes rouges. Il dévore la pêche des grands frères. Il déguste le pâté de lapin du dîner. Il surveille le poulet rôti sorti du four. Il nettoie le plat de riz mis à refroidir dans le jardin...

Il aime les caresses et les jeux.

C'est le petit chat de la maison, le petit chat adoré, le terrible enfant gâté !

6 avril

petit lapin

Petit lapin
Enfermé dans sa cage,
Grignote du romarin
Et reste bien sage.
Hourra ! la porte s'entrouvre.
Petit lapin passe le museau,
Puis la liberté il découvre,
Promettant de revenir bientôt.

5 avril

l'abeille et la coccinelle

Flânant, voletant toute la journée, une coccinelle se promenait au soleil.

Paresseusement, elle chassait les pucerons qui rongeaient les feuilles d'un rosier, lorsqu'au cœur d'une rose épanouie elle découvrit une abeille vrombissante.

— Viens-tu aussi chasser les pucerons ? demanda innocemment la coccinelle.

— Pauvre bécasse, se moqua l'abeille, mon rôle à moi est bien plus noble. Je viens chercher le pollen des fleurs afin que mes sœurs le transforment en miel.

— Quelle chance tu as d'exécuter ce travail délicat ! soupira la coccinelle.

Humiliée, elle se réfugia sous une feuille de rosier. Alors la plus belle des roses lui dit :

— Grâce à toi, les pucerons ne dévastent plus nos feuillages.

7 avril

Boule de Neige

Boule de Neige est une petite chatte blanche, désobéissante et gourmande.

— Miaou ! Miaou ! miaule-t-elle en pleurant, lorsqu'elle n'a pas de friandises.

Maman Chatte défend à Boule de Neige de manger des sucreries, car cela abîme les dents. Mais, la désobéissante achète des bonbons et les dévore en cachette.

Puis, Boule de Neige accepte un gros gâteau au chocolat offert par le pâtissier.

Les frères de Boule de Neige sont des petits chats très sages qui ne mangent pas de friandises, mais comme tous les chats, ils adorent le poisson.

Une nuit, Boule de Neige est réveillée en sursaut par un mal de dents et pleure de douleur.

Maman Chatte la calme de son mieux et, le lendemain, elle l'emmène chez le dentiste, monsieur Igor, un gros chien.

Celui-ci gronde très fort :

— Finis les bonbons et les gâteaux, tu ne prendras que du poisson et du bon lait pour le moment !

— Adieu friandises ! pense la petite chatte.

Le soir, maman fait un plat de poisson si bon que Boule de Neige se régale et murmure :

— Cela vaut toutes les friandises du pâtissier !

8 avril

l'orvet

Je fais la sieste sous une haie.
Vert et brillant, je suis l'orvet.
Ne craignez rien, je ne mords pas,
Voyez ma peau douce comme la soie.
Me faufilant dans l'herbe verte,
Dans le jardin je fais place nette.
Si vos légumes poussent si bien,
C'est que je chasse soir et matin.
Les limaçons, les gros insectes,
Pour mes menus sont une fête.
Je suis timide, vite effrayé,
Mais grand ami des jardiniers.

9 avril

Biquet vagabonde

Sur le foin de l'étable, est né un joli biquet.

Sa maman le lèche. Il tète le lait chaud, puis se couche dans la paille fraîche pour dormir près de sa mère.

— Béé... Béé, dit-il, comme c'est grand le ciel bleu ! Est-ce que je peux sauter sur les fleurs ?

Maman Chèvre broute les chardons et Biquet bondit pour attraper les papillons bleus sur les fleurs dorées du pissenlit.

Il court dans le chemin tout fleuri de pervenches et de primevères, et flaire toutes les plantes.

Maman Chèvre traverse les buissons de ronces et d'églantines.

— Où es-tu parti, mon petit biquet ?

Étienne arrive pour rentrer la chèvre et son chevreau.

— Tiens, ils ont disparu !

Où ont-ils pu aller ?

Étienne saute par-dessus les barrières, descend vers le ruisseau.

— Ah ! crie-t-il, les voilà !

Maman Chèvre lèche son biquet et dit :

— Biquet, tu es trop jeune encore pour t'éloigner de moi !

10 avril

observation

Un chien aboie dans la cour.

Deux lapins grignotent une carotte dans le clapier.

Trois chats se promènent dans l'allée du jardin et que voient-ils ?

Quatre escargots dévorant une laitue fraîche de rosée.

Cinq poulains trottent dans le pré sous l'œil amusé des six vaches qui broutent à côté.

Sept canetons s'éclaboussent dans l'eau, le huitième, moins hardi les regarde.

Neuf moutons bêlent et jouent dans l'herbe verte.

Dix hirondelles sont posées sur un fil.

11 avril

Eric jardinier

— Éric, ne monte pas à l'échelle !

— Éric, ne cours pas après les canards !

— Éric, ne scie pas le bois !

Déçu, Éric ne sait que faire.

— Tu as du chagrin, dit grand-père. Veux-tu arroser les salades ?

— Oh ! oui, grand-père.

Éric bondit sur le tuyau d'eau.

Quelle joie de faire tomber la pluie !

— Veux-tu un jardin pour toi ?

— Oui, je ferai pousser des fleurs, ce sera merveilleux !

Le garçon fait des trous et enfonce des oignons de tulipes.

— Elles seront rouges ! dit-il à son grand-père.

Les tulipes poussent.

Éric les arrose, les surveille, enlève les escargots et dit :

— Elles ne sont pas pressées. Que c'est long !

Un matin, enfin, une tulipe d'un beau rouge éclot.

— Venez tous, crie Éric, au comble de la joie.

— Elle est belle ! Bravo Éric ! disent papa et maman. Tu es un vrai jardinier !

12 avril

Sébastien et l'harmonica

Sébastien, seul, s'ennuyait en ce jour pluvieux.

— Regarde ce que je t'ai apporté, dit son père en lui tendant un petit paquet enrubanné.

Boudeur, le garçon le remercie puis défait les nœuds du paquet, lentement, comme à regret.

Soudain, du bel emballage surgit un petit harmonica rouge qui siffle sur deux notes :

— Bonjour Sébastien, je suis ton nouvel ami et je t'apprendrai la musique, si tu veux travailler !

13 avril

sauvetage

Ce jeune lapin a bien envie de connaître l'autre côté du ruisseau. Mais les lapins ne savent pas nager !

Alors, gentiment maman Cane le prend sur son dos et le dépose sur la berge opposée du ruisseau. Comme tout est beau ici ! Soudain le renard surgit ! Effaré, le lapereau se jette à l'eau, s'y enfonce, va se noyer !

Heureusement, père Héron le repêche et le rapporte à dame Lapine, sa mère.

— Petit vilain ! dit celle-ci, promets-moi de ne plus me quitter sans permission.

— Je te le promets, répond le lapereau, penaud.

14 avril

au royaume des fleurs

Au royaume des fleurs, une fée vient de naître.

Couchée dans un bouton de rose, elle est bercée par les oiseaux.

Ce bébé rose dort en suçant son pouce.

Autour de son berceau se pressent les fleurs, ses marraines.

— Moi la rose, je t'apporte la beauté.

— Moi le lis, je t'offre la pureté.

— Tes yeux auront ma couleur et ton cœur ma fidélité, dit le myosotis.

— Tu auras ma discrétion, murmure la violette.

Cette ravissante petite fée, vêtue d'azur, reçoit le joli prénom de Printemps. Alors, Printemps s'éveille et gazouille en souriant aux fleurs et aux oiseaux.

C'est qu'elle a aussi le pouvoir suprême de faire jaillir la vie en s'éveillant.

15 avril

Petit lézard vert

Après un long hiver,
Un petit lézard vert
Se glissa sous le lierre
Et grimpa sur les pierres.
— Que fais-tu, lézard vert,
Après ce long hiver ?
— Je me chauffe au soleil
Auprès des fleurs vermeilles.
— Reste un peu, lézard vert,
Près de moi sur les pierres.
Ne fuis pas sous le lierre,
On est bien au soleil.
Et même si une abeille
Butine les fleurs vermeilles,
Dors, petit lézard vert.
Je reste et je surveille
En silence ton sommeil.
Dors, petit lézard vert,
Sur le vieux mur de pierres,
Après ce long hiver.

16 avril

Kaki n'a pas de tête

Kaki, le jeune kangourou, a beaucoup d'amis mais pas de tête pour deux sous.

De plus, il lui manque toujours quelque chose; aussi l'emprunte-t-il aussitôt.

Kaki, afin de s'en souvenir, a imaginé de faire un nœud au bout de sa queue !

Le malheur est que, quelques heures après, il ne se souvient plus à qui il a emprunté !

Le cas se présente justement aujourd'hui et Kaki a beau chercher, il n'arrive pas à se souvenir pourquoi il a un nœud à sa queue.

Découragé, il va faire un tour dans la forêt et rencontre Taco le Koala.

— Bonjour Kaki, en voyant le nœud de ta queue, je me souviens que je dois aller chercher mon fils à l'école.

Un peu plus loin, l'ornithorynque lui fait la même remarque et se précipite pour aller chercher une chose oubliée.

— Que je suis malheureux de ne pas avoir de tête gémit Kaki, je n'emprunterai jamais plus rien !

17 avril

Babette, poupée docile

Stéphanie a reçu comme cadeau d'anniversaire une très jolie poupée rousse aux yeux verts qu'elle a nommée Babette.

La fillette est très autoritaire et rudoie Babette à longueur de journée, tantôt la grondant, tantôt la fessant.

La nuit venue, la pauvre poupée assise sur son lit ne peut s'endormir tant elle a de la peine et sanglote.

— Qu'as-tu donc Babette? lui demande le petit chat de la maison.

— Stéphanie m'a encore battue et pourtant je suis la poupée la plus sage qui soit !

— Stéphanie me donne des coups de pied. Je suis malheureux aussi, répond le chaton.

— Stéphanie a beaucoup de défauts et ne mérite pas d'être aimée ! Viens, petit chat blanc, partons à la recherche d'une amie douce et compréhensive.

Le lendemain, Stéphanie se sent bien seule et pleure amèrement la disparition de la poupée Babette et du petit chat blanc.

18 avril

Tireli apprend à voler

Le nid des oisillons est si étroit que Tireli, le plus jeune, perd l'équilibre et tombe dans le pré.

— Tui ! Tui ! Tui ! pleure l'oisillon, comment regagner mon nid ?

— Ne sais-tu pas voler ? demande Poule Rousse qui passait par là avec ses poussins.

— Non, je suis trop jeune, répond Tireli.

— Reste avec nous, je t'apprendrai à voler et, dans quelques semaines, tu pourras rejoindre tes parents. Je vais les prévenir.

Rassuré, Tireli accepte volontiers.

19 avril

le tour du monde

Luc et Isabelle sont ravis.
Mamie leur a donné un petit bateau.

A l'heure du bain, quelle joie dans la mer ! Plouf ! dans les vagues !

On rit, on crie, on recommence.

Mais un jour de grand vent, Luc et Isabelle s'embarquent.

Le bateau s'éloigne du rivage...

— Oh ! Luc, le bateau s'en va !

— Chic ! On fera le tour du monde !

— Luc ! Luc ! Il faut revenir ! On est trop loin et le vent nous pousse !

— Le vent nous ramènera, tu verras.

Heureusement, papa a tout vu.

Vite, il hèle un bateau à moteur qui l'embarque et l'emporte vers le petit bateau léger. Papa crie :

— Ne bougez pas. Tenez cette corde. On va vous remorquer, diablotins !

20 avril

le cerf-volant

— Maman, maman !
Que donnera-t-on à Armand
Pour ses quatre ans ?
— Que penses-tu d'un cerf-volant
Qui s'envolerait dans le grand vent ?
En grand secret, on acheta
Et on cacha, sous le matelas,
Le cadeau surprenant.
— Moi j'ai quatre ans,
Cria Armand. Comme je suis grand !
On m'a donné un cerf-volant
Un beau, vert, rouge et blanc !
Il s'envolera dans le grand vent !
Alors Armand l'ouvrit, confiant,
Mais aussitôt, le vent méchant
L'arracha violemment
Des mains du jeune enfant
Et l'emporta sur l'océan.
— Ramène-moi mon cerf-volant,
Demanda Armand au vent méchant.

21 avril

la récompense

Un jour, alors qu'il pleut et que ses chatons, ne pouvant jouer dehors, font mille sottises, maman Chatte décide de leur trouver une occupation.

— Une récompense sera donnée à celui d'entre vous qui confectionnera le plus beau cadeau pour l'anniversaire de Tante Lili, leur dit-elle.

Chacun se met au travail. Noiret moule un très joli vase bleu, finement décoré d'or fin.

Nana, armée de peinture et de pinceaux, commence à dessiner un bouquet multicolore.

Brunet, lui, qui a découvert un ciseau et un maillet, a l'idée de faire une sculpture.

Quant à Rita, elle est fort ennuyée car elle ne sait ni modeler la terre, ni peindre, ni sculpter le bois.

— J'écrirai un magnifique poème et j'aurai ainsi la récompense promise par maman, chante-t-elle.

Le jour de l'anniversaire arrive. Maman fait un gros gâteau. Tante Lili admire le joli vase bleu, le magnifique tableau et la sculpture de Brunet. Puis, l'on goûte le gâteau et Rita lit un adorable poème.

Tante Lili annonce bientôt qu'elle emmène les quatre chatons à la mer.

C'est la récompense !

23 avril

la chanson de la pluie

Tip et top, chante la pluie
Moi l'escargot, cela me ravit.

Flic et floc, dégouline la pluie.
Moi le chat, je dors sur le tapis.

Tic et toc, tambourine la pluie.
Moi l'oiseau, je garde le nid.

Plic et ploc, ruisselle la pluie
Sur le bout de nez de Sylvie.

Clic et cloc, cascade la pluie
Sur le dos du chien Rocky.

Devant la cheminée,
Sylvie joue à la poupée,
Pendant que ronronne le chat et
Rêve le chien Rocky.

L'oiseau n'a pas quitté son nid.
Dehors, se promène l'escargot.
Frappe la pluie sur les carreaux.

22 avril

un rêve étrange

Dans la forêt printanière, Renaud se promène en chantant. Soudain une étrange sensation s'empare de lui : il a envie de voler sur les premières fougères parce qu'il est devenu un papillon bleu.

Il agite ses ailes et le voilà se posant sur les campanules, les jeunes feuilles. Il va un peu partout, c'est grisant ! Il effleure les cheveux de sa mère qui tricote, assise dans un fauteuil de camping.

— Oh ! le joli papillon, dit-elle.

Renaud s'envole vite avant d'être capturé; sait-on ce qui arriverait ?

Mais brusquement il se sent lourd et ne parvient plus à voler. Il est à nouveau redevenu un petit garçon. A-t-il rêvé ? A sa question, un joli lutin répond « non », avant de s'enfuir.

24 avril

Toby le chien

Les jumeaux, Nathalie et Pascal, auront cinq ans demain.

— Vite, dit Nathalie, écrivons des cartes d'invitation à tous nos petits amis !

Dring ! Allons ouvrir !

— Bon anniversaire !

Les cadeaux sont très appréciés.

Mais jouons à colin-maillard !

Mmm ! Ce gâteau énorme est alléchant ! Soufflons vite les bougies !

— Tiens ! Quel est ce bruit insolite dans la cuisine, murmure Pascal.

Surprise ! Que peut donc contenir ce panier adressé aux jumeaux ?

— Oh ! Un adorable toutou ! Nous l'appellerons Toby ! Ce nom lui va si bien ! sourit Nathalie.

— Au revoir petits amis ! Revenez bientôt !

— Qu'il fait bon dormir, pelotonné dans ce confortable panier, après une journée si fatigante ! songe Toby.

25 avril

le printemps dans la forêt

Le printemps est arrivé. La forêt s'habille de vert. Les jonquilles ouvrent leur corolle jaune. Des boutons d'or fleurissent de-ci, de-là. Des violettes parsèment la mousse. Des pervenches blanches et mauves poussent au pied des grands arbres. Le sentier est sec. Les rayons du soleil pénètrent dans le sous-bois. Ils se frayent un passage entre les branches touffues.

De temps en temps des « coucou ! coucou ! » se répondent dans le lointain. Ces oiseaux qui manifestent ainsi leur présence sont appelés « coucou » comme leur cri l'indique.

Des pépiements et des gazouillements retentissent de toutes parts.

Comme c'est beau, le printemps dans la forêt !

26 avril

Rika la coquine

Rika, la petite éléphante, se baigne dans la rivière en compagnie de ses parents, lorsque sa maman lui dit :

— Mon enfant, il est grand temps que tu apprennes à te servir de ta trompe.

Rika, obéissante, plonge sa trompe dans l'eau fraîche en soufflant bien fort.

— Petite sotte, il faut aspirer ! s'exclame sa maman, amusée.

Rika plonge à nouveau sa trompe grise et fripée dans l'eau et aspire fortement.

— Cela me chatouille, éternue Rika en rejetant l'eau de telle sorte qu'une petite grenouille vient atterrir sur la tête de maman Éléphant, éberluée.

— Rika, tu es incorrigible, va goûter ; je t'ai préparé sur la rive des melons d'eau, mûrs à souhait.

Rika se régale lorsque apparaît Seigneur Tigre menaçant.

Frissonnant de peur, la petite éléphante s'étrangle. C'est alors que les pépins de melon chatouillent sa trompe et la font éternuer.

Projetées violemment, les graines dures frappent le tigre stupéfait qui fuit à toutes pattes.

Rika est longuement cajolée par ses parents, fiers de son courage.

27 avril

le jardin de Pascal

Les parents de Pascal lui ont réservé un petit carré de terre bien meuble, juste à l'ombre des lilas. Très fier, le petit garçon a couru acheter un sachet de graines qu'il sème dans la terre.

Chaque jour, il arrose et surveille la terre humide, rien encore ! Soudain il voit le sol se soulever et un long ver de terre apparaît.

— Va-t'en, dit-il furieux, que fais-tu dans mon jardin ? Il le lance au loin.

— Que t'arrive-t-il ? dit sa maman.

— Il y avait un ver dans mon jardin, maman. Ici c'est mon jardin !

— Petit sot, explique sa maman, les vers sont nécessaires dans un jardin, ils aèrent la terre en creusant leurs galeries et permettront à tes graines de mieux respirer. Elles pousseront bien.

28 avril

la course

Cornegris le sanglier pénètre dans un champ de maïs. Il en est très friand.

Il se met à fourrager parmi les pousses vertes, quand une voix menue s'élève :

— Hep ! Malotru, tu vas m'écraser !

Cornegris hurle avec fureur :

— Qui ose me parler ainsi ?

La voix répond :

— C'est Wimpy, la musaraigne !

Alors Cornegris crie :

— Arrière, bestiole !

Et Wimpy riposte aussitôt :

— Je ne te crains pas, je parie même que j'arrive avant toi au pied du gros chêne !

Cornegris, tout en ricanant, démarre sans voir que Wimpy a sauté sur son dos. Quand il arrive près du chêne, Wimpy atterrit juste sous son nez et le regarde avec ironie. Depuis, les sangliers humiliés ne marchent plus que tête basse.

29 avril

Tic et Tac détectives

— Comme je m'ennuie ! bâille Tic, jeune basset de trois mois.

— Et moi donc ! grogne Tac, son frère en s'étirant longuement. Si nous allions dans la forêt afin de voir Mic notre ami, le lapereau ?

— Bonne idée ! En route !

Devant le terrier de Mic il y a un attroupement. Que se passe-t-il donc ?

— Mic a disparu et demeure introuvable, dit son ami Tintin l'écureuil.

— Il faut le rechercher sérieusement, déclarent Tic et Tac en prenant la direction des opérations. Les écureuils visiteront les alentours des arbres, les biches chercheront le long des sentiers, et les oiseaux survoleront l'ensemble de la forêt !

Les recherches sont intenses et la nuit commence à tomber sans que l'on ait retrouvé le petit lapin.

Tic et Tac, détectives malheureux, rentrent chez eux la tête basse et découvrent, bien installé à côté de leur niche, devinez qui ? Mic, le petit lapin qui les attendait patiemment !

30 avril

on affiche complet

Lundi, en ouvrant ma boîte aux lettres, je trouvai trois brins de mousse.

Mardi, surprise, je m'aperçus que des mésanges y construisaient leur nid.

Mercredi deux petits œufs gris le garnissaient.

Jeudi, ils étaient quatre œufs minuscules, porteurs de vie, reposant maintenant sur un fond de léger duvet.

Vendredi, je guettai le facteur car l'une des mésanges s'était installée sur le nid, pointant un bec menaçant lorsque j'ouvris la porte.

Samedi, j'affichai « complet » au-dessus de ma boîte aux lettres.

Et dimanche, je m'empressai d'installer une seconde boîte pour que le facteur y glisse mon courrier, la première étant hors de service pour bien longtemps.

2 mai

le papillon

S'enivrant de rosée,
Luisant de pourpre et d'or,
De son aile irisée,
Joyeux, prend son essor.

Sur la brise légère
Il va de fleur en fleur,
Et met à la rose trémière
Sa vive et tendre couleur.

Joyau de la nature,
Du soleil compagnon,
Ami de l'aventure,
Te voici « papillon ».

1er mai

le porte-bonheur

Tôt le matin du premier mai, Nina et son âne Martin se rendent dans le bois, là où pousse le muguet. Ah ! qu'il est joli ce jeune muguet aux feuilles fines et pointues et aux gracieuses clochettes blanches ! Quand Nina a rempli le panier que Martin porte sur le dos, elle s'en retourne en ville, se poste au coin d'une rue et crie aux passants :

« ...Achetez mon muguet,
Il vous portera bonheur
Pendant toute l'année !... »

3 mai

le lutin des bois

Au bois je voulais aller pour cueillir du muguet.

En chemin j'ai croisé un lutin malicieux qui, en riant, m'a dit :

— Du muguet, tu n'en trouveras point, je l'ai caché.

Du bois je suis revenue, sans le moindre brin.

Au bois je suis partie ramasser la fraise sucrée.

Dans le sentier, j'ai vu le même lutin, qui en se moquant de moi, m'a murmuré :

— Des fraises, il n'y en a plus, je viens de toutes les manger.

Du bois je suis rentrée, mon panier vide et bien dépitée.

Alors, dans mon jardin, fraises et muguet j'ai plantés.

Et lorsque j'ai revu le lutin, en riant, j'ai rempli son bonnet de fraises parfumées et garni sa boutonnière de clochettes de muguet.

Il m'a embrassée et depuis j'ai un lutin pour ami; toi aussi ?

5 mai

une coccinelle

Une coccinelle
Battait des ailes
Sur une pimprenelle
Faisant de la dentelle.
— Où vas-tu, ma belle ?
— Chercher l'hirondelle
Qui fuit à tire-d'aile,
Dit la coccinelle.
Adieu, pimprenelle
Fais de la dentelle.

4 mai

Zette, l'araignée dorée

Dans le grenier, l'araignée dorée accroche sa toile à la lucarne.

— Oh ! dit Zette, comme je m'ennuie !Je veux voir le soleil !

Hop ! Zette quitte le grenier.

Hep ! Pan ! Un coup de balai !

Paf ! La patte du chat s'abat sur elle.

Mais Zette a filé sous le buffet.

— Ah ! c'est beau la lumière !

Toc, un petit coup de bec de poule !

Affolée, Zette se sauve vers la salade.

— Oh ! le beau lézard vert ! Hé ! il ouvre une bouche gourmande. Zette se cache aussitôt. Elle grimpe le long d'une haute tige.

— Oh ! fleur, qui es-tu ? dit Zette.

— Je suis la rose rose parfumée.

— Tu es belle, Je tisserai ma toile ici.

Zette vit heureuse près de son amie, la rose rose parfumée.

6 mai

Hawaii

Fleur de Corail habite une île où il fait toujours beau. Vêtue d'un paréo multicolore, elle s'amuse sur une plage de sable fin, bordée de cocotiers. Elle nage dans une mer aussi bleue que le ciel.

Sur l'île de Fleur de Corail se trouve une montagne qui fume. Parfois même, elle éternue, alors la terre tremble et la mer s'agite. Bien vite, l'on se rassemble au pied du volcan pour porter des offrandes au dieu de la Terre afin de calmer sa colère. De la montagne descend une cascade à l'eau fraîche et limpide.

Le matin, le papa de Fleur de Corail pêche en mer, pendant que sa maman cueille des fruits et que sa sœur ramasse des fleurs. L'après-midi, on se baigne dans le lagon et on se repose. Le soir venu, c'est la fête. Autour du feu, on chante et on danse, des colliers de fleurs suspendus au cou. Quelle chance a Fleur de Corail d'habiter Hawaii, ce paradis !

7 mai

la vie au clair de lune

Le clair de lune déverse sur l'étang une pluie de diamants.

Au clair de lune, Matounet donne l'aubade à Matounette, sous sa fenêtre.

Sous le clair de lune, chante rossignol afin que la biche en fée de brume se métamorphose.

Le clair de lune fait sortir le hérisson et danser le régiment des lapins.

Mais, alors, au clair de lune que fait l'homme ? Il rêve ou dort, selon son plaisir.

8 mai

la journée d'une rose

Dans la fraîcheur du matin,
Une rose épanouie,
De lumière entourée, vit
Dans sa corolle fleurie
Un petit lézard brun.

Dans la chaleur de midi,
Elle eut la visite de l'oiselet.
Il était si fatigué
Que de son cœur il fit un doux nid.

Dans le tiède après-midi,
Son nectar sucré
Aux papillons elle offrit.

Dans le soir doucereux,
De son parfum fut grisé
Ce vagabond de lapin malicieux.

Dans la nuit étoilée,
Ses pétales ayant refermé,
Elle s'endormit par la brise bercée.

9 mai

le beau cadeau

— J'ai un beau cadeau pour toi, dit grand-mère. Devine un peu. Qu'est-ce qui est long et léger ?

— Est-ce tout neuf ? demande Pierre.

— C'est mieux que tout neuf. Viens avec moi !

La grand-mère et l'enfant pénètrent dans la remise au fond du jardin.

— Cherche un peu Pierre... Tu brûles... Non pas par ici... Oui, par là... Tu brûles encore... Tu as trouvé !

— La canne à pêche de grand-père ?

— Oui ! tu iras à la pêche avec ton oncle Henri.

Le petit garçon, très heureux, saute de joie et embrasse sa grand-mère.

Il serre la canne bien fort et va rejoindre son oncle au bord de la rivière. Il s'installe, attend patiemment... Rien ne mord. Soudain le bouchon frétille.

— Victoire ! une belle truite !

10 mai

ballons volent

Le ballon rose
voltige dans la brise
parfumée de ce matin lumineux.

Le ballon vert
plane dans l'azur de cet
après-midi ensoleillé.

Le ballon bleu
tourbillonne au-dessus des
blés dorés en cette chaude soirée.

Le ballon rouge
monte vers les étoiles
par cette douce nuit.

Brusquement, mes jolis ballons
éclatent pour donner à l'été mille et une
couleurs afin
qu'il habille la terre de
beauté.

11 mai

la belle au Château Dormant

La belle au Château Dormant, prisonnière dans son bourgeon luisant dort depuis de longs mois.

Allongée dans sa coque vernissée, étendue sur une couche de coton mousseux, elle rêve au prince charmant qui la délivrera de cette prison tiède.

En vain de nombreux chevaliers ont essayé d'ouvrir la porte de la forteresse ; parmi eux figuraient le vent élégant qui voulut se glisser par les trous de la bâtisse puis le soleil brûlant qui tenta de faire éclater les murailles.

Un jour pourtant survient Joli Printemps. D'un baiser léger il fait soupirer la belle. La prison s'ouvre et du bourgeon sort la princesse.

Dans la douce lumière, la feuille déplie sa robe d'émeraude, pique une fleur à son corsage et sourit au printemps qui lui offre quatre saisons pour une vie.

12 mai

la poupée et le clown

Abandonnée sur le lit de Sylvie, pleure la poupée.

Pour l'anniversaire de Sylvie, on vient de lui offrir un clown.

Et depuis ce matin, c'est lui que l'on préfère. Alors, pleure la poupée.

Le soir venu, près d'elle, Sylvie couche le clown multicolore.

— Il prend ma place ! sanglote la poupée.

Dès que Sylvie dort, le clown se lève puis gentiment essuie les larmes de la poupée. Par la main, il la prend et tous deux sur l'oreiller se couchent.

Lorsque Sylvie s'éveille, elle voit ses deux amis et comprend qu'il faut avoir le cœur assez grand pour les aimer tous les deux autant.

13 mai

bon anniversaire !

Des papillons gracieux
Jaune et bleu
Se sont fixés dans tes cheveux.

Sur tes bras nus, des coccinelles
Marron, capucine, orange,
Font une farandole étrange.

Tes épaules ont accueilli
Un pigeon à l'œil alangui
Et deux charmantes tourterelles.

Tes mains fines ont caressé
Un petit moineau effronté
Qui a picoré quelques graines.

Ils sont tous venus pour t'offrir
Leurs vœux de bon anniversaire.
Accepte-les sans manière.

14 mai

Olivia, où es-tu?

— Mais où est donc Olivia ? demande maman. Vite, à table !

— Je vais voir au jardin, propose papa qui appelle : « Olivia ! Olivia ! »

Personne. La lavande, les soucis et les roses s'épanouissent au soleil.

Un merle affolé crie et vole du toit aux branches.

Un gros chat noir se sauve.

Une branche bouge enfin.

— Que fais-tu cachée là, Olivia ?

— Chut papa ! Ne leur fais pas peur !

— A qui ?

— Au merle et à la merlette. Ils surveillent leurs petits qui apprennent à voler et ont peur de tomber.

— Alors, tu les aides ? dit papa.

— Oui, je chasse le chat qui rôde autour, le gros gourmand !

15 mai

l'étoile filante

Ce soir-là, le faon qui gambade dans la clairière s'arrête soudain en levant la tête : là-haut, dans le ciel, une étoile filante passe, rapide et éblouissante.

— Oh ! comme elle est belle ! Je voudrais bien être une étoile filante ! s'écrie le faon.

Alors sa maman, la biche, lui demande d'un ton chagrin :

— Tu voudrais donc me quitter ? Le faon, oubliant aussitôt la belle étoile, répond vite :

— Te quitter ? Oh ! non, jamais !

16 mai

un conte chinois

Dans la vallée du Soleil Levant de violents orages viennent de dévaster les rizières, menaçant les habitants de famine. La situation est critique car le palais du Mandarin se trouve trop loin pour y envoyer une caravane chercher des vivres.

Cette nuit-là, Lumière du Jour fit un songe bien étrange et comprit que les dieux lui envoyaient un message.

A son réveil, elle s'empressa donc de peindre son poisson en rouge. Elle passa à son cou un lacet de parchemin sur lequel elle expliquait au Mandarin la gravité de la situation.

Puis, sans perdre de temps, elle mit le poisson dans la grande rivière qui coulait en direction du palais royal.

Le petit poisson, attrapé par un pêcheur, fut offert au Mandarin en cadeau, tant il était beau. En remerciement des beaux sacs de riz que le Mandarin envoya, Lumière du Jour lui donna un second poisson. Ainsi venait de naître le poisson rouge.

17 mai

Rosemonde

Rosemonde vivait avec ses parents dans une charmante maisonnette à l'orée de la forêt.

La fillette aimait les fleurs des bois et, pour la fête de sa maman, elle décida d'aller en cueillir un plein panier.

Rosemonde s'attarda afin de composer un magnifique bouquet, si bien que la nuit tomba, faisant surgir des ombres inquiétantes.

La fillette se mit à pleurer à chaudes larmes.

Dame Chouette qui venait de se réveiller la consola et lui dit :

— Ne pleure pas petite, je connais le chemin de ta maison, dans une heure nous serons chez toi !

18 mai

les animaux du petit prince

Dans le parc du Rajah, les animaux bavardent :

— C'est moi le plus beau ! s'écrie le perroquet en se pavanant.

— Mais c'est moi le plus grand ! rétorque l'éléphant.

— Et moi je suis le plus intelligent ! ajoute le singe.

Top, le vieux chien, ne dit rien, mais il va se blottir contre Ali, le petit prince infirme qui ne peut pas marcher. Alors Ali murmure doucement :

— Celui que je préfère, c'est Top, parce qu'il est fidèle !

19 mai

la chanson de l'ombre

Mulot, mon petit ami,
Par le bois, où vas-tu ainsi ?
Ton regard malicieux,
Ton pelage soyeux,
Et tes belles moustaches
Font que je m'attache
A tes pas menus.
Avec toi je trottine
Dans les sentiers tortus,
Glisse sous les fougères,
Deviens petite et légère,
Puis, dans ton terrier, m'introduis.
Pourtant, on ne me voit pas la nuit,
Ni quand il fait sombre.
C'est simple : je suis ton ombre.

20 mai

deux petits farceurs

Dans la bergerie, auprès de leur maman dormaient, pelotonnés, deux agneaux tout blancs, nouvellement nés.

Ils se ressemblaient en tous points et leur maman avait bien du mal à les distinguer.

Les agneaux grandirent...

Ils devinrent très taquins et aimaient cacher les œufs des poules, tirer la queue de Tip, le vieux chien et effrayer les canetons en les poursuivant.

Leur maman, très fâchée, demandait qui était le responsable.

— Ce n'est pas moi, disait l'un.

— Ni moi, répondait l'autre.

Si bien qu'elle décida de leur mettre un collier de couleur différente. Bleu pour l'un, rouge pour l'autre.

Ainsi, à l'avenir, elle pourrait reconnaître le petit farceur !

21 mai

Igor et la flûte

Chaque matin, de très bonne heure, Igor, le jeune berger conduisait son troupeau de chèvres vers de nouveaux pâturages, en sifflotant gaiement.

Igor possédait une flûte que son père lui avait offerte.

Le jeune garçon en tirait des sons aigus qui apeuraient les chèvres et les faisaient fuir.

Igor se désespérait lorsqu'un vieil homme vint à passer et proposa de lui donner des leçons de musique.

Igor devint bientôt un excellent flûtiste que ses bêtes, charmées, écoutaient avec une satisfaction évidente.

22 mai

une robe féerique

Sur un matelas de lilas, la tête enfouie dans un oreiller d'œillets, un édredon de liserons posé sur un matelas de glycines, la fée des jardins repose.

A son réveil, elle se baigne dans une pivoine, puis recoiffe sa blonde chevelure en se mirant dans le cœur doré d'une fleur.

Assise sur un bouton d'or, devant un hortensia qui lui sert de table, elle s'empresse d'écrire une lettre à son ami le soleil pour l'inviter au bal de l'été. Elle remet le pli à son page, le gentil chardonneret.

Mais il faut à la fée penser bien vite à sa toilette pour ce bal de lumière. Alors, les oiseaux se mettent au travail : taillant, cousant, brodant pour lui offrir une merveilleuse robe faite de pétales de fleurs, brodée de perles de rosée et rehaussée d'une longue traîne.

Cette robe est une féerie pour une fée.

23 mai

un arlequin

Un arlequin
Très malin,
S'en alla un beau matin,
En sifflant sur le chemin.
Alors les petits lapins
Accoururent dans le thym,
Pour voir sur le chemin
Passer le bel arlequin.
L'écureuil, dans le sapin,
Lui lança une pomme de pin :
— Ho ! Hé ! le bel arlequin
Qui siffle sur le chemin,
Où vas-tu de bon matin,
A travers le bois de pins ?
— Je recherche un grand jardin,
Fleurant bon le jasmin,
Pour y danser sans fin,
Jusqu'au lendemain matin,
Répondit l'arlequin très malin,
Qui sifflait sur le chemin.

24 mai

Dame Tartine

Dame Tartine,
Dans sa cuisine,
Sort sa bassine
Toute dorée
Pour y touiller,
Sans tablier,
Des confitures
De belles mûres.

25 mai

la glace sorcière

Derrière la fenêtre, dans l'immeuble d'en face, il y a une vieille dame. Élodie la regarde souvent. Elle est seule, triste et parle à son chat.

Un jour de printemps, en allant au marché, il fait si beau qu'Élodie voudrait que tout le monde soit heureux. Elle achète un pot de primevères pour la vieille dame.

— Que tu es gentille, tu me réchauffes le cœur, je vais te faire un cadeau, dit-elle à la fillette et elle lui tend une glace ronde entourée d'un cadre d'ébène.

Dans la chambre d'Élodie, la glace reflète la pièce entière et la petite fille est enchantée du monde mystérieux qu'elle y découvre.

— C'est parce qu'elle est bombée que le sol et le plafond s'y reflètent ensemble, dit maman, cela s'appelle une sorcière.

— Je pense vraiment qu'elle est sorcière, dit Élodie en regardant la fenêtre d'en face où la vieille dame souriante lui fait de petits signes par-dessus les primevères.

26 mai

l'oiseau Diamant

Nathalie habite une très jolie maison avec un grand ascenseur, mais hélas ! il est interdit d'y élever un chien ou un chat pour ne pas déranger les voisins.

Un soir de printemps, papa dépose un gros paquet sur la table et appelle Nathalie.

— Tu as bien travaillé à l'école, je t'apporte une récompense.

Le papier soulevé découvre une belle cage où sautille un merveilleux oiseau.

— Oh ! que je suis contente, qu'il est joli avec sa tête rouge, sa cravate noire, son gilet violet, son ventre jaune, ses ailes vertes !

— C'est un oiseau exotique que l'on appelle Diamant, il faudra bien le soigner.

— Il me regarde de son petit œil vif, mais comme sa cage est grande !

— Oui, dit papa car je t'offrirai un Diamant chaque fois que tes notes seront bonnes !

— Quel ravissant bijou ! sourit Nathalie, en rêvant déjà d'une volière remplie de merveilleux oiseaux.

27 mai

les garçons et les filles

Un garçon, c'est très fort.
Il n'a pas peur des ours Grizzli.
Il se bat avec les ours bruns.
Il fait la chasse aux ours polaires.
Mais le soir dans son lit,
Il câline nounours Martin,
En l'embrassant sans en avoir l'air.

Une fille, c'est gentil,
Quand elle cueille des myrtilles,
Quand elle coiffe ses cheveux,
Quand elle fait les doux yeux.
Mais souvent dans l'escalier,
Elle pousse pour vous faire tomber !

28 mai

en mai fais ce qu'il te plaît

Il me plaît
De cueillir le muguet,
D'être charmant
Avec maman,
D'être gentil
Avec Julie,
D'être coquin
Avec le voisin,
Et d'être gourmand
Tout le temps.

29 mai

le pivert

Benoît est très heureux, il vient de retrouver le jardin de grand-mère. Il court dans le sous-bois et s'émerveille du chant des oiseaux. Tout à coup, il s'arrête et n'en croit pas ses yeux : il vient d'apercevoir un oiseau de toutes les couleurs.

— Grand-mère, crie-t-il, il y a un perroquet dans le jardin !

— Mais non, sourit grand-mère, l'oiseau que tu as vu est un pivert et c'est vrai que son plumage est étonnant avec son dos vert, sa queue jaune et sa tête rouge.

Demain, si tu veux, nous le guetterons et tu entendras le bruit saccadé de son bec contre les écorces car il mange les insectes qui s'y cachent.

— Quelle chance d'avoir une grand-mère qui sait tout !

Benoît l'embrasse affectueusement.

30 mai

comptine de Sophie

Comme un papillon,
Je veux des ailes
Couleur de bonbon.

Comme un papillon,
Je veux m'envoler
Au-dessus des maisons.

Comme un papillon,
Je veux être légère
Et bulle de savon.

Comme je ne suis pas papillon,
Je me contenterai
De monter en ballon.

31 mai

la dent de lait

La dent de lait.
La larme à l'œil.
Le fil à la dent.
La larme sur la joue.
La dent sous l'oreiller.
La larme est séchée.
Le cadeau de la souris.
La larme est partie.

1er juin

Promenons-nous dans le bois

— Promenons-nous dans le bois pendant que le loup n'y est pas ! chantonne Stéphane, un panier au bras, car il va cueillir des champignons dans la forêt.

Soudain, il entend un bruit de feuillage que l'on remue, puis un gémissement.

Son cœur bat plus vite... si c'était le loup de la chanson ?

Courageusement, il soulève une branche proche et découvre un écureuil blessé à la patte par une épine.

L'enfant le prend et le dépose délicatement dans son panier. Très vite il rejoint la maison, afin de soigner l'animal.

Tout d'abord, le petit écureuil se débat puis se laisse panser.

Les jours passent. L'enfant s'occupe attentivement de son nouvel ami qui s'apprivoise petit à petit.

Stéphane le guérit et lui rend sa liberté. Il sait que les animaux ont l'habitude de vivre libres. Mais son petit ami revient souvent le voir.

2 juin

chanson de juin

Sur le chemin près du ruisseau,
J'ai aperçu un renardeau
Qui jouait à saute-renard
Avec deux ravissants canards.
C'était en juin, il faisait beau.

Sur le chemin de la forêt,
Me promenant, j'ai rencontré
Un écureuil et deux moineaux
Qui couraient après des corbeaux.
C'était en juin, il faisait beau.

Sur la route de la maison,
J'ai trouvé mon ami pinson
Qui m'attendait pour picorer
Les miettes de mon déjeuner.
Ainsi se finit ma chanson.

3 juin

lutins et farfadets

C'est l'été mon petit,
Les farfadets ventrus courent
sur la lande fleurie,

Les lutins barbus dansent
de folles farandoles
dans les genêts dorés.

Lutins et farfadets
se sont retrouvés pour
jouer à cache-cache
dans les hautes fougères.

Dans le trou du vieux chêne,
ils se sont endormis et
dans leur rêve,ils
s'envolent vers le ciel
pour s'amuser à
saute-étoiles.
C'est l'été mon petit.

4 juin

la grenouille

Plouf, plouf, la grenouille
De vert habillée,
Dans la mare se mouille
De la tête aux pieds.
Mais dans la nuit sereine
Des sources, des étangs,
Univers où elle est reine,
Elle chante au dieu Pan.

5 juin

une découverte

Dans la forêt, un gros ballon multicolore est seul.

Un petit garçon l'a oublié et il reste immobile.

Curieux, Pablo le lapin met le nez hors de son terrier et appelle ses amis l'écureuil, le renard et le hérisson.

— Savez-vous quel est cet objet tout rond, là dans les feuilles ? s'inquiète-t-il.

— Non ! dit le renard.

— Non ! dit l'écureuil.

— Moi je sais ! dit le hérisson malicieusement, c'est un ballon !

— A quoi cela sert-il ? demandent en chœur les animaux.

— A jouer mes amis. Venez, nous allons faire une bonne partie ensemble !

Tout joyeux, le ballon multicolore saute et danse de patte en patte.

6 juin

le poisson et la crevette

Une crevette et un poisson,
Dans une mare nageaient en rond.
— Jouons ensemble, dit la coquine,
Sous ce rocher je le devine,
Il y a des algues et des oursins,
Nous nous amuserons c'est certain.
Un peu timide, le petit poisson,
Remua la queue, fit des façons.
Et puis enfin prenant courage,
Suivit la crevette à la nage.
Hélas ! hélas ! sous le rocher,
Un gros mérou s'était caché.
La crevette il goba prestement,
Et pourchassa son ami férocement.
Le jeune poisson était agile,
Il s'échappa, trouva asile
Dans un petit trou du rocher
Où le mérou ne pouvait entrer.
Bientôt il regagna l'eau claire,
Se jurant d'être moins téméraire.
Car dans les fonds noirs et rocheux,
Le danger guette les jeunes aventureux.

7 juin

la moisson

Lison, Lisette s'en vont chantant,
Cueillir des fleurs dans les champs.
Beaux coquelicots, jolis bleuets,
Forment bien vite un beau bouquet.
Quelques épis de blé doré,
Et une marguerite blanc nacré.
Au joli temps de la moisson,
Le champignon pousse dans le sillon.
Lison, Lisette les bras chargés,
A la maison seront fêtées.
Sur la table le bouquet trônera,
De champignons on se régalera...

8 juin

dans le jardin de grand-père

Quelle joie de passer une semaine dans le jardin de grand-père !

Olivier suit grand-père partout avec sa brouette.

— Grand-père, viens voir un gros oiseau sur un vieux tronc !

— Va doucement,sinon il s'envolera.

— Il est gros et sans queue !

— C'est un enfant de coucou. Cachons-nous derrière les framboisiers.

— Tu crois qu'il est tombé du nid ?

— Non, il apprend à voler. Les coucous ne font pas de nid. Ils pondent leurs œufs dans le nid des autres.

— Alors, comment mange-t-il ?

— Tu vas voir ! Ne bougeons pas ! Regarde entre les feuilles. Chut !

— Oh ! un petit oiseau apporte au coucou une grosse chenille !

— C'est une mésange à tête noire.

9 juin

comptine

Sur le calme ruisseau,
La frêle libellule
Dans sa robe de tulle
Effleure les roseaux.

Joyeuse et insouciante,
Elle flâne dans l'herbe folle
Et se pose frémissante
Sur les branches d'un saule,

Puis au-dessus de l'onde,
Reprend son vol charmant
Et danse dans la ronde
Des grands nénuphars blancs.

10 juin

la gourmandise est un vilain défaut

— Mmmm ! Que c'est bon ! jappaient Jim et Jam, deux chiots cockers en dégustant leur pâtée.

Jim et Jam possédaient les plus belles et longues oreilles qui soient, mais malheureusement, lorsqu'ils mangeaient, celles-ci trempaient dans la nourriture !

Ce jour-là, les deux petits chiens s'étaient tellement régalés qu'ils avaient de la pâtée jusque sur le dos.

Isabelle, leur petite maîtresse, poussa de grands cris en les voyant ainsi, les gronda et sortit une bassine d'eau savonneuse dans laquelle elle les précipita l'un et l'autre.

Puis, elle les frictionna et les emmitoufla dans de grandes serviettes de bain pour les sécher.

Qu'ils étaient mignons ainsi les deux petits chiens !... mais pas contents du tout !

11 juin

Plic et Ploc

Sur le bord du torrent, maman ourse pêche des saumons, pendant que Plic et Ploc, ses oursons, courent dans les hautes herbes et grimpent aux arbres.

Dans le tronc d'un chêne, ils flairent du miel. Les petits gloutons essaient d'entrer le museau dans la fente, puis la tête tout entière. On n'aperçoit plus que leurs petits derrières bien ronds.

C'est sur eux que foncent les abeilles voulant rentrer à la ruche.

En hurlant de douleur, Plic et Ploc se sauvent vers le torrent pour se débarrasser des abeilles.

Maman Ourse punit sévèrement les deux gloutons qui resteront enfermés dans la tanière durant huit jours.

Quel dommage ! Il fait si beau dans la forêt !

12 juin

Petite Plume

Ce matin Petite Plume, le jeune Indien remonte le Maroni en pirogue. Le singe Gouali et le perroquet Filaa, ses deux amis, sont près de lui.

Le fleuve charrie beaucoup de racines et de troncs d'arbres. Petite Plume les évite de son mieux.

— Bonjour ! crient à tue-tête les singes sur les rives.

Petite Plume leur répond en agitant sa coiffure multicolore. Il accoste enfin, met pied à terre et allume un feu qui éloignera les moustiques et cuira les gros poissons pêchés pendant la journée.

Le jeune Indien chante et le perroquet l'imite de son mieux. Le singe applaudit et les alligators, attirés par ce concert, sont tout heureux.

13 juin

Panpan et Croquette

Panpan, le gentil lapin, a invité Croquette, son amie, à un pique-nique à l'ombre du moulin aux fées.

Sur l'herbe, ils ont étendu une nappe fleurie et dressé le couvert.

Qu'il fait bon manger au bord de l'eau !

Après le repas, Panpan projette d'aller pêcher, tandis que Croquette souhaite cueillir des fleurs et des mûres.

— Ensuite, nous irons nous baigner afin que j'étrenne mon beau maillot de bain, dit Croquette.

Mais avant la pêche et la cueillette, une sieste s'impose. Il fait si chaud et nos amis ont tant mangé !

Au soir tombant, Panpan et Croquette, la main dans la main, regagnent leur chaumière. Ils voudraient que l'été dure toute l'année. C'est, pour nos amis, une si belle saison, pleine de soleil et de bonheur !

14 juin

le hérisson

Dans les allées s'en va trottant,
Un hérisson fort mécontent.
— Quel insolent ce chien de berger!
Il me poursuit, veut m'attraper !
Je me fais vieux, m'essouffle vite,
Il va c'est sûr, trouver ma piste.
Bon jardinier qui m'aimes bien,
Rends-moi service, rappelle ton chien.
Toi qui me donnes parfois du lait,
Viens à mon secours s'il te plaît.
Derrière son chien jappant de joie,
Un homme paraît, siffle deux fois.
— Allons Bimbo, la paix jeune fou,
D'un hérisson ne sois pas jaloux.
Il a grand peur, tu le vois bien,
Car pour lui tu es un gros chien.
En boule piquante il s'est roulé,
Afin de mieux se protéger.
Dans un jardin bien entretenu,
Un hérisson est le bienvenu.
Chassant limaces et escargots,
Il m'aide bien dans mes travaux.
Laisse-le donc aller en paix,
Dans le potager comme il lui plaît.

15 juin

vengeance

Le sable humide de la plage a frémi.

— Que se passe-t-il là-dedans ? s'écrie Jean-Luc, curieux, en fouillant dans le sable avec sa bêche. Il déterre alors un crabe. Mais quand il veut le saisir, l'animal lui pince le doigt cruellement.

— Aïe ! méchante bête ! hurle Jean-Luc, furieux.

— Et toi qui me déranges et veux me capturer, n'es-tu pas méchant ? riposte le crabe en disparaissant au plus vite dans le sable.

16 juin

Jacques et la grenouille

Jacques va à la pêche ce matin-là et il est tout joyeux. Il arrive au bord de la rivière et lance vite sa ligne. Mais aucun poisson ne mord à l'hameçon. Jacques est désolé.

— Ne t'en fais pas, lui dit aimablement son amie la grenouille, moi,je vais te chercher des poissons.

Elle saute dans l'eau et nage vivement, mais elle est emportée malgré elle par le courant.

Jacques plonge à son tour et sauve son amie un peu honteuse.

— Ça ne fait rien, dit Jacques, la journée est bien belle, tant pis si je ne pêche rien.

Il s'étend sur l'herbe, une fleur à la bouche, écoute chanter les oiseaux, s'endort et rêve que son panier est plein de poissons d'or.

17 juin

les vacances d'Ophélie

Ophélie est heureuse, demain ce sont les grandes vacances.

Elle saute de joie à l'idée de passer deux mois chez sa grand-mère.

La ferme de grand-maman, c'est l'arche de Noé pour Ophélie.

Chaque année, elle y retrouve : la vache aux gros yeux, le cheval à la crinière ondulée, l'âne aux longues oreilles, le cochon rose à la queue en tire-bouchon, la grosse poule rousse et ses poussins... Et Ophélie s'endort, rêvant à ses belles vacances. La poupée et le nounours d'Ophélie voudraient, eux aussi, partir en vacances. Mais faute de place dans ses bagages, Ophélie les laisse à la maison.

Alors, sans bruit, ils se glissent dans la valise, se dissimulant parmi le linge. Ophélie passe de bien jolies vacances cette année-là, car elle a, à ses côtés, sa poupée et son nounours pour partager toutes ses joies.

18 juin

Topsy l'étoile de mer

Topsy était une petite étoile de mer bien jolie avec de fines branches couleur de sable rosé. Mais Topsy avait un gros défaut, elle était taquine et désobéissante. Cent fois par jour à l'heure de la promenade, elle mettait sa maman en émoi. Tantôt elle se cachait derrière un bouquet d'anémones de mer, tantôt elle disparaissait derrière un rocher ou encore se glissait à l'intérieur de quelque épave tapissée de coquillages.

— Prends garde, lui disait sa maman. Tu es une proie de choix pour les pêcheurs, ils te vendront comme souvenir.

Rien n'y faisait. Pourtant un jour, la petite imprudente, explorant une grotte sous-marine, manqua de peu d'être tranchée en deux par un mérou. Tremblante de peur, elle promit d'être plus obéissante à l'avenir.

19 juin

le petit cheval

Petit cheval s'ennuyait
Tout seul dans la prairie.
Tête baissée, il pensait
A ses compagnons si gentils
Laissés à la ferme, au loin.
Soudain apparaît Isidore,
Le petit lapin coquin.
— Viens, je connais un trésor,
Vite, suis-moi dans la forêt
Près du vieux chêne brun,
Un adorable faon est né.
La biche t'a choisi comme parrain.

20 juin

la chanson de l'abeille

Je suis une petite abeille,
Je suce le cœur d'une fleur.
Le travail ne me fait pas peur.
Je vole à ma ruche, dépose
Le suc cueilli, puis je repars
En quête d'un nouveau nectar.
Du rosier grimpant, une rose
M'offre une nourriture vermeille;
Mais toute gavée, je repars
Sur les lourds raisins de la treille.

21 juin

un enfant espiègle

Une charrette pleine de fruits et de légumes attend d'être attelée.

Mais soudain, un enfant malicieux qui passe par là la pousse sur une pente. Et notre charrette dévale en semant sur son passage : choux, poireaux, carottes, prunes, pêches, abricots.

— Hé, les amis ! venez voir, disent les lapins ravis.

Les animaux de la forêt sont ahuris et se dépêchent de se régaler.

Jamais ils n'ont eu un tel festin offert de si bonne grâce !

La fermière, s'apercevant de cela, est très en colère et elle court après le gamin.

Heureusement, un poney arrive juste à temps et il emmène l'enfant au galop, loin dans la forêt.

22 juin

naissance

— Maman, maman, crie Delphine, les hirondelles sont revenues ! Je les entends, elles poussent des cris aigus en volant autour de leur vieux nid.

Derrière le rideau de la fenêtre, la petite fille immobile observe les oiseaux. Comme ils sont courageux, restaurant le nid avec de la boue fraîche !

Parfois leurs ailes frôlent l'eau du ruisseau et la petite fille tremble de peur.

Enfin, pendant de longs jours, on ne voit plus que la petite tête noire immobile de maman Hirondelle que son mari nourrit inlassablement. Delphine doit surveiller le chat Mao qui rôde dans le grenier dont la lucarne s'ouvre tout près du nid. Puis un jour, de jeunes becs jaunes apparaissent au bord du nid. Six petites hirondelles !

Delphine rayonne de joie car c'est aussi un signe de bonheur.

23 juin

il était une fois trois amis

Au bord du ruisselet,
il était une fois trois amis :
la blanche pâquerette, la mésange
bleue et le castor doré.

Chaque jour, à la fleurette, la
mésange et le castor faisaient
le récit de leurs aventures.

Un orage survint qui balaya tout sur son
passage : la fleur,
l'oiseau et le castor.

Mais si belle est l'amitié
qu'une fée fit un miracle
pour la protéger.

Elle chassa l'orage.
Elle changea en loutre la fleur,
remit la mésange sur sa branche
et le castor dans le ruisselet.

Et depuis, jouent la loutre et le
castor dans l'onde claire.
Sur sa branche, la mésange leur
chante une mélodie.

Il était une fois, trois amis,
que par le miracle de l'amitié
une fée a réunis.

24 juin

un agneau joyeux

Nikki, l'agnelet joyeux, gambade dans le pré, en faisant tinter sa clochette dorée. En l'entendant, les souriceaux dansent sur le chemin de l'école, et les invités qui fêtent les noces du rouge-gorge se mettent à chanter.

Puis cigales et sauterelles accordent violons et trompettes. Les lièvres cessent de se quereller pour mieux écouter la clochette, et le pivert pique, pique plus vite afin de construire un nid pour ses petits.

Enfin, tout au long de cette belle journée, tous les agneaux du pays dansent au son de la clochette dorée.

25 juin

les lutins de la mauve bruyère

Dans la mauve bruyère,
rêvait la fée de la nuit.

Parmi le thym violet,
batifolait le petit lapin.

Sur la lavande bleue,
jouait gaiement la jeune fouine.

Hélas, surgit le chien dans la lavande
qui poursuivit la fouine.

Elle s'en fut dans le thym
effrayer le lapin.

En courant,
ils arrivèrent dans la bruyère,
tirant de son rêve, la fée de la nuit.

Celle-ci changea en lutins,
la fouine et le lapin.

Puis du chien fit un cheval ailé
sur le dos duquel elle prit le chemin
de son royaume enchanté.

Et depuis,
sur la lande, parmi la bruyère fleurie
dansent les lutins de la nuit.

26 juin

dans la chaleur de l'été

Dans la campagne écrasée
de chaleur et nimbée d'or,
au creux du frais taillis,
s'est endormi le lapin blond.

Dans la douceur du bosquet,
s'est tu l'oiseau bleu.
Sur le lac, le cygne blanc
a mis la tête sous son aile.

Dans le ruisseau, le poisson argenté
nargue le pêcheur assis
à l'ombre du grand chêne.

La roue du moulin s'est arrêtée,
car le meunier s'est assoupi.
Mon crayon ne court plus,
et la page reste blanche.
Il fait trop chaud pour penser.
L'heure est à la rêverie.

Dans la campagne écrasée
de chaleur et nimbée de lumière,
le bel été est revenu.

27 juin

trois cochons roses

Par un beau jour d'été, trois petits cochons roses très étourdis vont se promener sur la plage, nu-tête, et attrapent un coup de soleil : de roses, les voilà devenus rouges comme des tomates.

— Des cochons couleur tomate, c'est ridicule ! ricane Maître Corbeau.

Et toutes les bêtes de la basse-cour répètent « Ridicule ! Ridicule ! Ridicule ! »

Les pauvres petits cochons ont bien envie de pleurer, mais dame Brebis qui tient un salon de beauté leur fait signe d'approcher et, plouf ! elle les asperge des pieds à la tête de poudre de riz blanche.

— Maintenant, vous voilà bien plus beaux qu'avant et nul ne se moquera plus de vous ! déclare-t-elle.

28 juin

Balouka l'ourson

Balouka, l'ourson du Bois-Joli est heureux : il grimpe aux arbres, se régale de miel sauvage et se laisse caresser par le vent printanier.

Mais un jour, plouf ! il se jette à l'eau et se laisse emporter par le courant de la rivière, loin, très loin. Puis, sortant de l'eau, il se rend à la ville, arrive devant un magasin et y entre. Alors les clients hurlent de terreur et on enferme l'ourson dans une vitrine.

D'abord il est content, car tout le monde vient l'admirer et rire de ses cabrioles. Mais bientôt Balouka s'ennuie. Aussi, une nuit, vite, il s'évade, galope d'une traite jusqu'au Bois-Joli et retrouve avec émotion les beaux arbres touffus, et tous les parfums de sa forêt natale.

29 juin

comment naquit la souris à miel ?

Une toute petite souris
Très jolie,
Vivait heureuse en Australie.
Un jour pourtant, elle pleura.
Une gentille abeille lui demanda
La raison de ce grand chagrin.
— Je voudrais pouvoir dès demain
Faire du miel et voler;
Je voudrais te ressembler,
Répondit la petite souris.
L'abeille possédait le pouvoir
D'exaucer un vœu chaque soir.
Elle affirma à la souris
Qu'elle ferait du miel,
Mais qu'elle n'aurait pas d'ailes.
— Merci, merci, dit la souris,
Je suis heureuse de ce don.
Et c'est depuis qu'en Australie,
Vivent gaiement sous le soleil,
Les charmantes souris à miel.

30 juin

le rêve de Sophie

Seule aujourd'hui dans le jardin, Sophie s'ennuie. Mais voici qu'un papillon la conduit à la fête des insectes et des grenouilles.

Comme c'est joli ! La coccinelle a choisi de faire des entrechats perfectionnés et les grenouilles coassent gaiement un ballet pour les libellules.

Les fourmis, quant à elles, s'occupent de la décoration, et tout le monde est réjoui, sauf la mante religieuse qui n'a pas été invitée.

Le spectacle est très applaudi et Sophie… se réveille…

1er juillet

Petit Page

Petit Page descendit tout joyeux l'escalier de la tour, en chantant la complainte des Chevaliers :

— Oyez, qui gronde dans le vent ;
Ce sont les grands tambours de guerre.
— Oyez, qui chante dans le vent ;
Ce sont les preux, âmes fières.

Sur la terrasse du château, il rencontra l'escargot en conversation avec la noire araignée.

— Monsieur l'escargot, dit-il indigné, pourquoi parler à une aussi vilaine bête ?

— Mais j'admire son travail, dit le colimaçon.

Et Petit Page vit scintiller dans la lumière de l'été, mille gouttes de rosée sur la fine toile d'araignée.

— Oh ! que c'est beau, s'écria-t-il, vous avez du talent madame l'Araignée !

Et il continua son chemin.

Puis il rencontra la bourdonnante abeille.

— Bzz, bzz, je vais vite à la ruche porter mon butin.

Bzz, bzz, pour te donner du bon miel, du bon miel doré comme le soleil.

— Merci madame l'Abeille, dit Petit Page poliment.

Et, heureux d'avoir de si bons amis, il sourit au vieux saule qui dormait au bord du ruisseau.

2 juillet

deux petites belettes

Dame belette
Toute fraîche et coquette,
Que fais-tu de bon matin
A courir dans le sainfoin ?
— Je ramasse des provisions.
Pour nourrir toute la maison.
— Viens avec nous, dit le hérisson,
Nous chanterons et danserons.
— Non, non, non, pas question !
— Oh ! maman, disent les belettes,
Nous danserons sous les liserons.
— Vous deux, restez à la maison,
Car aujourd'hui
Il y aura beaucoup de bruit.
Mais les jeunes belettes coquettes
S'échappent dans le sainfoin,
Avec le lézard et le hérisson
Pour grimper sur un vieux tronc
Et voir passer le tour de France.
Bravo ! Bravo ! Quelle chance !

3 juillet

l'heure de la rêverie

La brise parfumée fait onduler les blés dorés.

A l'ombre fraîche du cerisier, dort mon chien.

Les grillons chantent dans l'herbe fleurie.

Au bord de la rivière, les pieds dans l'eau, je regarde danser les libellules aux ailes irisées.

Sous son chapeau s'est endormi le pêcheur, tandis que flotte son bouchon. La terre se drape d'or.

C'est l'heure de l'été et de la joie de vivre.

4 juillet

ma rose

Rose,
Ma rose
Est à peine éclose,
Dans le frais matin.
Rose,
Ma rose,
Déjà repose,
Dans le soir serein...

5 juillet

mon poisson

Il y a des poissons de mer. Ils connaissent les vagues, l'eau qui bouge, le vent qui souffle et pousse les voiliers au large. La sirène des paquebots leur est familière.

Il y a aussi les poissons d'eau douce qui glissent paisiblement dans la rivière. D'autres préfèrent remonter le courant vers des cascades blanches.

Les arbres et les roseaux se reflètent dans l'eau et leur procurent l'ombre. Et pour éviter les pêcheurs, ils se cachent sous les nénuphars. Il y a les poissons rouges. Le mien en est un. Il est petit. Il habite dans un aquarium rond plein d'eau. Tous les jours, je le nourris d'un peu de poudre et je le regarde.

C'est mon ami. Il est heureux.

6 juillet

les joies de la plage

Frédéric a de la peine à marcher sur le sable qui s'enfonce. C'est la première fois qu'il voit la mer. Comme c'est impressionnant cette eau qui roule et semble chaque fois gagner du terrain ! Prudemment l'enfant fait un pas en avant. Il est tout près. La mer avance. Il recule. Elle se retire. Il avance à nouveau. Et hop ! la voilà déjà revenue !

L'eau est froide. Ses parents le regardent, amusés.

Ce premier contact avec l'eau a déçu Frédéric. Il préfère jouer avec le sable, qui glisse dans les mains. Il a tout prévu : le seau, la pelle, le râteau. Il remplit le seau, tasse bien avec la pelle, puis retourne le tout d'un coup sec. Patatras ! le pâté de sable s'écroule. Décidément rien ne va ! Frédéric abandonne ces objets, il a trouvé mieux pour jouer. Des petits coquillages parsèment la plage. Aucun ne se ressemble.

Frédéric est content, car au moins les coquillages, cela ne mouille ni ne s'écroule.

7 juillet

un petit gourmand

J'ai faim, j'ai faim !
Piaille le moineau.
Me donneras-tu,
Un peu de gâteau ?
Il fait si beau,
Sur ton balcon.
N'entends-tu pas,
Ma petite chanson ?
Je suis gourmand,
Tu le sais bien,
Toi qui me nourris,
Chaque matin.
Voici enfin,
La fenêtre ouverte,
Et de grosses miettes,
Me sont offertes.

8 juillet

vive le cirque !

Le cirque est arrivé ce matin, sur la place du village. Les saltimbanques s'affairent à monter le chapiteau pour la représentation du soir.

C'est d'abord le jongleur. Il jongle habilement avec des balles, des assiettes et des quilles.

Ensuite, la musique annonce un dresseur de chevaux. Des plumes sont piquées dans leur crinière. Ils trottent en suivant le rythme. Au claquement du fouet, ils se cabrent sur leurs pattes postérieures.

Puis viennent les trapézistes. Les minutes qui suivent sont angoissantes. Les spectateurs admirent, inquiets, les acrobaties périlleuses des artistes.

Mais qui entre en scène ? Un personnage bariolé. Son visage est peint de rouge, de noir et de blanc. De gros boutons rouges sur une veste verte, un pantalon et des chaussures immenses : c'est un clown.

A en juger par les rires du public, il n'y a pas de doute, il s'y connaît en farces. Et c'est ce comique de talent qui clôt la représentation.

Chacun rentre chez soi, heureux et détendu.

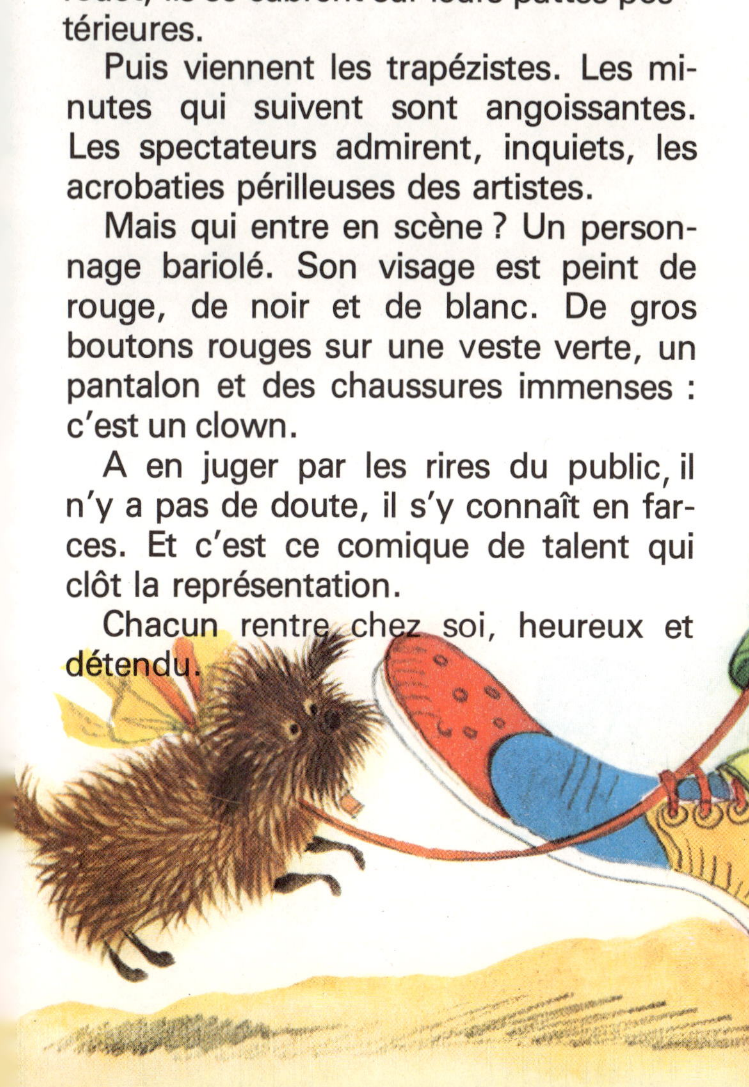

9 juillet

le moulin de la Fée Mélusine

Il est un vieux moulin qui, abandonné par l'homme, devint le royaume de la Fée Mélusine.

Dans ce domaine enchanté flottait une brume mauve. Toutes les fleurs avaient des teintes violettes. L'eau, qui retombait de la roue, prenait des reflets parme.

C'était le paradis des animaux de la forêt. Les oiseaux édifiaient leur nid sous le toit de chaume.

Les lapins creusaient leurs terriers sous ses murs épais. Un troupeau de biches paissait dans le jardin. Les écureuils sautaient de la roue sur le toit en se poursuivant joyeusement. La colonie des ratons-laveurs s'ébrouait dans l'eau claire. Seul l'homme n'était pas admis dans ce paradis et, pour lui en défendre l'accès, d'épaisses haies de ronces lui barraient le chemin. Devenu curiosité locale, ce moulin existe encore, grâce à sa légende.

10 juillet

l'autruche timide

Autrefois, les autruches n'enfouissaient jamais la tête dans le sable quand un danger se présentait.

Mieux même, elles savaient l'affronter et triomphaient bien souvent.

Un jour pourtant, une demoiselle autruche fort avenante fut suivie par un animal étrange qui lui tint un langage singulier :

— Vous êtes si belle que je désire vous épouser, hurla-t-il.

La jeune autruche se sentit rougir devant une telle déclaration. Confuse et irritée par la présence de cet animal grotesque, elle dissimula sa tête dans le sable.

— Oh ! s'exclama alors l'animal stupéfait, je ne veux pas d'une épouse sans tête.

Et il s'en fut à toutes pattes.

C'est depuis ce temps-là que les autruches ont cette réaction lorsqu'elles se sentent menacées.

11 juillet

le petit rat des champs

Un matin d'été,
Le petit rat des champs
Prit son panier d'osier,
Pour aller au marché.
— Hi ! Han ! Hi han !
Dit l'âne. Que tu es pressé !
— Oui, répondit le rat des champs,
Car je veux rapporter
Pour tous mes enfants,
Des groseilles du marché.
Le petit rat des champs
Remplit vite son panier,
Et fit un peu la causette
Avec les jeunes poulettes
Qui, tout au long du chemin,
Picoraient de petits grains.
Quand il arriva dans le champ,
Ce n'était plus comme avant.
Un grand monstre très bruyant,
Avait tondu tout le champ !

12 juillet

la légende de la demoiselle

La source, qui bavarde parmi les hautes herbes, m'a conté cette bien jolie légende : « Par un bel après-midi d'été, une jeune fée voulant se désaltérer, se pencha sur l'eau de la rivière. Son pied glissa sur la terre mouillée de la berge et à l'eau, elle tomba. Elle fut emportée par le courant rapide comme un fétu de paille.

Sans sa baguette magique, qui était restée dans l'herbe, elle était perdue. Alors, la fée des eaux fit un miracle pour cette petite sœur en péril. Elle tapa dans ses mains. Aussitôt, une gerbe d'eau souleva la petite fée qui prit son envol dans l'azur du ciel d'été. En retombant, les gouttelettes d'eau se transformèrent en libellules. Voilà pourquoi elles ont le joli surnom de demoiselles et que dans leurs ailes de tulle s'accrochent encore des gouttes d'eau. »

13 juillet

Pop, le petit oursin

Par un beau jour d'été, une lame de fond entraîna avec force un jeune oursin sans défense et le déposa au creux d'un rocher. Tout d'abord, étirant ses piquants bruns et scintillants au creux d'une flaque d'eau tiédie par le soleil, Pop le petit oursin trouva l'aventure amusante.

Puis, le soleil montant haut dans le ciel, il constata avec terreur que la minuscule mare où il se prélassait diminuait de plus en plus. Il s'efforça en vain de trouver une anfractuosité de rocher où se réfugier. Déjà la plupart de ses piquants se trouvaient hors de l'eau se desséchant sous les rayons torrides. Heureusement un garçonnet passant par là, eut pitié et recueillant Pop avec sa petite pelle, le lança adroitement très loin dans la mer. Il était sauvé !

14 juillet

les nains gentillets

Les nains de l'étang, sur leur feuille de nénuphar, s'habillent de rose pour les épousailles de la fée de la nature avec son prince charmant : l'été fleuri.

Les nains de la forêt se vêtent d'or pour le bal que donne le soleil à l'occasion des fêtes de la moisson.

Les nains de la lande, parmi les touffes de bruyère mauve, se parent de lumière pour assister aux festivités du quatorze juillet.

Les nains des champs, revêtant leur costume bariolé, vont s'amuser ; les vacances sont arrivées.
L'été est une belle saison où la vie est un perpétuel divertissement.
Comme les nains, amusons-nous.

15 juillet

Philippe n'a pas faim !

— Philippe, viens déjeuner, appelle maman. J'ai fait ton plat préféré. Allons, un effort, tu es tout pâlot.

Hélas ! Philippe n'a pas faim, il n'a jamais faim. Il mange seulement quelques bouchées pour faire plaisir à sa maman.

Le père prend une grande décision et, pendant que la maman s'absente, il décide d'envoyer son petit garçon quelques jours chez des amis. Tout d'abord Philippe, intimidé, reste un peu à l'écart. Puis peu à peu, il se mêle à leurs jeux, court au grand air, taquine les petites filles, joue au ballon avec les garçons.

Quand l'heure du goûter arrive, il croque à pleines dents une grosse tartine de confiture.

Au bout de quelques jours, il a ainsi gagné de bonnes joues rouges et sa maman est ravie.

16 juillet

en effeuillant la marguerite

Perché dans le cerisier, Sébastien effeuille des marguerites. Sur le sol, les blancs pétales forment un tapis. La fée des fleurs, peinée de voir un tel massacre, souffle sur le cerisier. De l'arbre si violemment éventé, Sébastien tombe.

C'est alors que les pétales se referment sur lui. Dans cette gigantesque corolle, Sébastien se retrouve face à la fée qui lui dit :

— Les fleurs vivent et souffrent tout comme toi, le sais-tu petit ?

Sébastien ne voulait pas leur faire de mal. Il espérait seulement que les marguerites lui choisiraient sa cavalière pour le bal masqué. Ses quatre amies s'étant proposées de l'accompagner, Sébastien ne savait pas laquelle choisir.

— Déguise-toi en sultan, ainsi ces demoiselles seront les femmes de ton harem et toutes tes cavalières.

Comment ne pas y avoir pensé !

17 juillet

Bravo, le crabe

Il était une fois un petit crabe allant d'un pas pressé tout de travers comme il se doit, agitant ses pinces et parlant tout bas.

— Les baigneurs arrivent, nous sommes en danger. Je dois de ce pas alerter mes frères et tout le menu peuple des plages. Mais comme c'est contrariant de toujours avancer ainsi de biais ! Il y a tant à faire, tant de petits animaux à sauver ! Je suis si minuscule. Ils ne m'entendront pas.

Une tortue de mer nageait près de là, elle entendit les lamentations du petit crabe et, obligeante le jucha sur son dos. Ainsi perché et claquant de toutes ses pinces, le petit crabe put donner l'alerte; crevettes et bigorneaux prirent la fuite vers le large, remerciant le gentil crabe baptisé BRAVO.

18 juillet

Petit voilier tout blanc

Petit voilier tout blanc,
gonfle ta voile multicolore.
Va, glisse vers l'infini,
la mer bleue t'appartient.
Prends un très grand élan,
il faut aller loin, plus loin encore.
De l'autre côté, il y a des pays
où tu seras si bien...

19 juillet

Rossignolet

Rossignolet
Dans le bosquet
Veux-tu chanter ?
Chante pour ma mie
La plus jolie,
Chante pour ma mie
Ma belle amie !

20 juillet

de lundi à dimanche

Lundi, le premier jour de la semaine,
J'irai jouer près de la fontaine.
Mardi, si je flâne dans la forêt,
J'entendrai les oiseaux gazouiller.
Mercredi, j'irai au bord de l'étang
Pêcher des poissons d'argent.
Jeudi, je me promènerai au moulin
Où le meunier entrepose son grain.
Vendredi, si le temps n'est pas beau,
J'irai ramasser des escargots.
Samedi me verra au marché,
Fruits et légumes frais j'achèterai.
Et dimanche, je jouerai sur la plage
Où je ramasserai des coquillages.

21 juillet

en route pour la ville!

— Je pars, et cette fois, c'est pour toujours. Je quitte la ferme, déclare Pataud, le chien. Je veux aller à la ville, connaître autre chose, vivre quoi !

Loulou, le chien des amis de mon maître a une vie différente de la mienne. Lorsqu'ils viennent en week-end, il me parle de son existence, de son confort. Il a un panier douillet, une bonne pâtée, des jouets en caoutchouc et un collier magnifique.

On le sort chaque jour. Et puis Loulou ne se fatigue pas. Son unique travail consiste à porter le journal et les pantoufles à son maître. Le reste du temps, il se prélasse. Et encore, il se plaint. Il s'ennuie, paraît-il !

Eh bien moi, qu'est-ce que je devrais dire ? Le matin, j'emmène les vaches au pré, elles me font courir, j'aboie sans cesse après elles. Le soir, je les ramène à l'étable, puis je fais rentrer les volailles dans le poulailler. La nuit, je monte la garde, et pour dormir, quand toutefois je le peux, je n'ai qu'une niche exposée à tous les temps.

Vraiment, j'en ai assez, je pars, d'ailleurs Loulou m'a invité, il m'a indiqué le chemin de la ville. Tu viendras sous la fenêtre et tu aboieras trois fois, a-t-il dit, je préviendrai mon maître de ton arrivée.

Alors, c'est décidé ! Je vais tenter ma chance à la ville...

23 juillet

Cot cot cot!

Une petite poule
Dans un jardin se promenait.
Çà et là, elle picorait
Un grain de mil, de la semoule,
Et toujours, elle caquetait.
Dans un jardin se promenait
Une petite poule.

« Cot cot cot » chantait la poulette,
J'ai pondu l'œuf, je l'ai caché.
Il vous faut d'abord le chercher.
En ferez-vous une omelette
Lorsque vous l'aurez déniché ?
J'ai pondu l'œuf, je l'ai caché,
« Cot cot cot » chantait la poulette.
Ainsi finit ma chansonnette.

22 juillet

on a Perdu le coucou!

Dans le bois, l'émotion est à son comble. Les animaux voulaient jouer à cache-cache, et le coucou est introuvable.

— On l'a volé, dit le pivert.

Les merles, les pinsons, les rats des champs, les taupes, tous se dépêchent de retrouver le voleur.

Et ils le découvrent, endormi, au pied d'un chêne, tenant l'oiseau dans sa main.

Le voleur n'est autre que Mathieu, le fils du fermier, qui est l'ami de tous les animaux.

Il a trop joué à cache-cache avec le coucou et il s'est endormi.

— Ne le réveillez pas, dit le coucou, nous jouerons demain.

Les animaux couvrent Mathieu avec de la mousse et le veillent.

24 juillet

Gloup, le pingouin

Le papa de Yan travaille dans le Grand Nord, au pays des ours blancs et des pingouins.

Il repart en Bretagne pour les vacances. Avant de monter dans l'avion, il est suivi par Gloup, le petit pingouin qui lui dit :

— Emmène-moi avec toi. Je veux voir comment est la Bretagne. Je serai gentil, tu verras !

— Mais je serai bientôt de retour, Gloup.

— Alors, je reviendrai aussi, répond Gloup, le petit pingouin.

Et voilà comment Gloup est allé passer ses vacances en Bretagne, avec Yan. Ensemble, ils courent sur la lande fleurie de bruyère rose, ils sautent sur les rochers et nagent dans la mer verte et bleue.

25 juillet

bonne nuit !

La rose a refermé ses pétales sur son cœur doré.

Dans le fossé chante la rainette verte.

Le ver luisant allume sa lanterne qu'il accroche aux herbes du chemin.

Le hérisson enfile son armure de piquants pour partir en croisade.

L'orchestre des criquets fait vibrer ses violons.

Colombine se balance sur son quartier de lune, tandis que Pierrot lui cueille un bouquet d'étoiles.

Le lapin batifole dans l'herbe fraîche de la clairière.

Les lutins bondissent des hautes fougères et dansent jusqu'au petit matin.

Par cette belle nuit d'été, j'attends mon étoile filante qui, comme chaque soir, m'enlèvera pour m'emmener au royaume enchanté du rêve. Bonne nuit et place à l'enchantement...

26 juillet

au fond de l'étang

Monica, le nez au-dessus de l'eau, voudrait savoir ce qui se passe au fond de l'étang.

Amusé par sa curiosité, un poisson l'invite à le suivre. Dans une bulle, il enferme Monica et du bout de son nez la pousse vers les profondeurs. Monica est émerveillée.

Dans l'onde transparente, aux reflets verts, se dresse un château fait de coquillages nacrés. Sur une anémone de mer, tirée par deux hippocampes, une sirène d'or se promène. Sous un dôme d'algues phosphorescentes, des poissons multicolores dansent.

Pourtant, il n'y a qu'au fond de la mer que l'on voit tout cela ! Le malicieux poisson se met à rire et d'un coup de nez renvoie la bulle à la surface. Projetée hors de l'eau, elle crève et patatras ! Monica retombe rudement sur la berge. Jamais plus, elle ne cherchera à savoir ce qu'il y a au fond de l'étang, c'est trop dangereux !

27 juillet

soir d'été

Sur la route bleue,
Un âne tranquille,
Revient de la ville,
Paniers sur son flanc
Déchargés de leurs fruits.
Il rêve à sa ferme
Au bout de la route,
Où l'attend sans doute,
Près des chardons bleus,
Médor, son ami.

28 juillet

Pierre et les étoiles

Quelle belle nuit sur la dune !

— Une étoile filante ! Regardez !

— Encore une autre ! Là-bas ! Là-bas !

— Si on courait assez vite,. dit Pierre. J'aurais voulu rapporter une étoile. Une vraie... Pour l'offrir...

Un soir, Pierre passe près de l'étang.

— Oh ! les étoiles sont tombées au fond !

La nuit, l'enfant se lève, prend sa canne à pêche et sort seul avec le chien sur les talons.

La lune voyage dans le ciel lumineux. Les étoiles brillent dans l'eau.

Pierre plonge sa ligne. Au matin, grand-père retrouve Pierre endormi.

Le chien sert de couverture au petit garçon fatigué qui rêvait de posséder une étoile.

Une seule... Une vraie... Pour l'offrir.

29 juillet

les moineaux

Il était une fois deux jolis moineaux aux petites ailes grises.

Au printemps, on entendait leur pépiement. Ils volaient des journées entières côte à côte. Ils traversaient des paysages magnifiques et découvraient toujours quelques beautés : un pont qui enjambe une jolie rivière, une rangée de peupliers près d'un vieux moulin, et, sur une ligne de chemin de fer, un train qui file à toute allure.

Un matin l'un d'entre eux s'écria :

— Regarde ce bel arbre, près de la cascade. Si nous faisions notre nid ici ?

— Oh oui, quelle belle vue nous aurons ! répondit l'autre.

Toute la journée ils rapportèrent dans leur bec des plumes et des brins de paille. Ainsi leur nid fut prêt pour la nuit.

Peu de temps après, la maman Moineau pondit des œufs. Des petits oisillons sortirent des coquilles. Tour à tour, le papa ou la maman attrapait des moucherons ou des vers afin de nourrir toute la famille Moineau. Puis les petits grandirent et volèrent. Leur vol fut d'abord hésitant, mais ils sillonnèrent bientôt le ciel à tire-d'aile à la recherche d'une compagne, afin de perpétuer la lignée des moineaux.

30 juillet

les libellules

Les libellules quand vient l'été,
Près de l'étang s'en vont danser.
Parfois leurs ailes frôlent l'eau,
Mais elles s'envolent tout aussitôt.
— Maman, les fées, dit petit Jean,
Qui applaudit en les voyant.
Donne-m'en une dans la main,
Je te promets, j'en prendrai soin.
Auprès de nous elle vivra,
Et tous nos vœux exaucera.
— Gentil petit sot, dit la maman,
Elle périrait loin de l'étang.
Les jolies fées n'existent pas,
C'est une libellule qui est là.
Laisse-la voler en liberté,
Car elle ne vivra que cet été.

31 juillet

Caroline, la tortue

— Viens vite, Caroline, crie le petit Jim, je t'apporte du bon lait crémeux.

Caroline, la vieille tortue du jardin, avance à pas lents. Elle est bien contente, car c'est une gourmande !

Minet le chat, essaye de taquiner la vieille tortue. Alors Caroline rentre tout simplement la tête sous sa carapace où personne ne peut lui faire de mal. Minet est bien attrapé !

Quand Minet est reparti, Caroline continue sa promenade dans le jardin. Elle cherche par-ci, par-là, de quoi manger.

— Tiens ! voilà un colimaçon ! s'écrie-t-elle en se régalant.

Caroline aime aussi les insectes. Elle en trouve beaucoup dans l'herbe des prés.

Le gros chien Kim est le meilleur ami de Caroline. Quand les oiseaux essayent de l'ennuyer, la vieille tortue vient se réfugier auprès de lui. Comme il fait bon entre ses pattes !

De temps en temps, Caroline s'en va vers la grande maison près de la route.

— Bonsoir, Caroline ! J'espère que tu as fait bonne chasse aujourd'hui, lui dit gentiment Kim.

Mais il est tard. Caroline la tortue retourne se blottir contre son ami.

— Dors bien, Caroline ! lui dit le gros chien.

1er août

Compagnon l'agneau

Florence et Caroline jouent à cache-cache avec Sylvain et elles découvrent dans une cabane un agneau blessé.

Les trois enfants le soignent vite et l'appellent : Compagnon.

L'agneau devient leur ami et guérit au bout de quelques jours.

Quelle joie de le voir gambader à toutes pattes dans le pré !

Monsieur Jean, le propriétaire, est très content de retrouver l'agneau : il le croyait mort.

— Il est à vous, dit-il aux trois enfants, quand vous voudrez le voir et jouer avec lui, venez.

Les enfants acceptent cette invitation avec joie et viennent chaque jour s'amuser avec Compagnon, reconnaissant et affectueux.

2 août

Pipo est blessé

Pipo vit dans un taillis non loin de la maison de Jean. Un jour, alors qu'il se promène, il se blesse très sérieusement à une patte.

— Je dois me faire soigner, pense-t-il aussitôt.

Et il se dirige vers la maison du petit garçon.

— Oh ! s'exclame Jean, mon pauvret, dans quel état tu es !

Vite, il lave la plaie, la désinfecte au mieux et l'entoure d'une petite bande de gaze.

— Ne suis-je pas trop ridicule avec ce pansement ? s'inquiète Pipo.

Mais Jean, aimable, le rassure :

— Pas du tout, crois-moi.

Le hérisson une fois guéri, l'enfant le promène partout dans la forêt à la grande joie des amis du petit garçon, de Tritt la mésange, et de Tambour le lapin.

Tout ce petit monde est bien heureux et s'amuse beaucoup.

3 août

Mandie et son petit

Le temps est superbe aujourd'hui. Mandie lèche son petit; le pivert,à coups de bec, perce un trou dans un arbre.

— Allons nous promener Mandie, et nous montrerons ton fils à nos amis les animaux, dit la mésange.

Le blaireau s'émerveille à la vue du petit de Mandie et les lapins, abasourdis, s'extasient :

— Que ce daim est joli !

Mandie est très fière... Mais qu'y a-t-il soudain ? La mésange s'envole et les lapins se terrent.

C'est un chat sauvage qui est venu pour manger les oiseaux. Heureusement, papa Daim se trouve près de là et il met en fuite le méchant animal qui miaule de peur.

Les oiseaux chantent à nouveau.

4 août

Par une nuit d'été

Par une nuit d'été, la Fée de l'Étang s'était égarée, loin de son royaume aquatique. Si au lever du soleil, elle n'avait pas rejoint son château de coquillages, en source elle se métamorphoserait.

Sur sa carapace, la tortue lui proposa de la conduire. Mais, il lui aurait fallu une bonne semaine avant de retrouver son domaine, enfoui dans les eaux vertes.

Alors, une pluie d'étoiles tomba du ciel. Mille gouttelettes lumineuses s'accrochèrent aux herbes du chemin. Une étoile filante, quittant la voie lactée, vint servir de monture à la fée.

Son étang retrouvé, avant de disparaître au cœur de l'eau transparente, elle transforma les gouttelettes de lumière en vers luisants et l'étoile filante en luciole.

Et depuis, nulle fée ne s'égare par les nuits d'été car dans les chemins creux brille le ver luisant et scintille la luciole.

5 août

le moulin s'ennuie

En ce beau jour d'été, le moulin là-haut sur la colline s'ennuie. Le vent ne souffle pas et ses ailes inertes ne savent que faire.

Mais ses amis, les petits moineaux, viennent lui tenir compagnie.

Ils se perchent au sommet des ailes du moulin et les font tourner.

C'est amusant et ils pépient avec force : cui cui cui !

Le moulin est bien content.

— Je n'ai pas besoin de vent déclare-t-il, vous êtes très gentils mes amis.

— Ne nous remercie pas, disent alors les oiseaux, nous sommes bien heureux de te rendre service en une telle occasion.

Le soir venu, les moineaux s'envolent ; ils reviendront demain.

7 août

Poum et les saumons

Dans la rivière, les saumons abondent et les ours ravis, font chaque jour une pêche miraculeuse.

Il fait beau ; tout serait pour le mieux si Poum l'ourson pouvait pêcher. Hélas ! il n'y réussit pas !

Or, un matin, il aperçoit des pêcheurs à la ligne. Il se dirige vite vers eux afin de prendre une leçon valable, mais les pêcheurs s'éloignent, affolés.

Poum s'installe à leur place et jette dans l'eau le fil d'une canne. Victoire ! les saumons sont pris à l'hameçon !

Poum en attrape beaucoup et raconte le soir à la veillée sa pêche fantastique.

Les ours se régalent et déclarent Poum le meilleur pêcheur.

6 août

Barnabé et le loup

Il est très tôt ce matin, Barnabé le lapin attend son amie Ursula la loutre pour aller pêcher à la rivière.

— Que fait-elle donc, ronchonne Barnabé dans sa moustache. Elle n'a pas besoin de frisettes ni de vernis à ongles pour une partie de pêche !

Soudain, une silhouette se profile sur les carreaux de la fenêtre et le lapin reconnaît le loup qui rôdait la veille dans les environs.

Barnabé a une idée géniale : il revêt une vieille peau de bête servant de tapis et fait peur au cruel animal qui s'enfuit épouvanté.

Un coup de sonnette retentit. Le petit lapin se précipite à la porte :

— Bonjour Ursula, je t'attendais !

Mais la petite loutre ne peut répondre car, en voyant un loup lui ouvrir, de peur elle s'est évanouie.

8 août

le petit génie du désert

Petit génie du désert va subir, pour devenir un grand génie, l'épreuve suprême : il devra, avec une poignée de dattes fraîches et une gourde d'eau, survivre longtemps dans le désert brûlant.

Lorsqu'il est parmi les dunes, il comprend que trouver une solution rapide s'impose.

Alors, il sacrifie ses dattes et plante les noyaux dans le sable. Après quoi, il les arrose. Puis, dès que le soleil s'évanouit derrière les dunes, il s'endort.

La fraîcheur de la nuit permet aux noyaux de se fendre et de s'enraciner.

Au lever du soleil, petit génie dort sous une forêt de dattiers. Dès qu'il est éveillé, sans tarder, il gratte le sol afin de récupérer l'eau de sa gourde. Alors, sous ses doigts, une source jaillit qui coule dans le sable chaud. Un paradis de verdure, une oasis de fraîcheur viennent de naître dans le brûlant désert.

9 août

l'épouvantail et les corbeaux

— Ces corbeaux mangent mes grains de blé, dit le fermier en colère. On va voir ce qu'on va voir !

Il installe dans le champ un gros épouvantail à l'air stupide.

Les corbeaux l'examinent et rient à bec déployé.

— Qu'il est drôle ! croa, croa !

L'épouvantail, mécontent, décide de s'en aller. Un, deux et trois, il a la joie de s'extraire du sol.

Mais les corbeaux le supplient :

— Reste avec nous, tu es gentil !

— Non, dit l'épouvantail, je vais parcourir le monde.

Et il part, son chapeau mis n'importe comment sur sa tête ronde.

Les corbeaux décident de l'accompagner dans son voyage et se posent sur sa tête et ses bras.

10 août

les moissons d'antan

Dans la fraîcheur du petit matin, on gagnait le champ, marchant derrière la faucheuse tirée par la jument.

Les enfants se bousculaient, pendant que, serpettes à la main, les femmes conversaient.

Les hommes, les rouleaux de liens sur l'épaule, tiraient sur leur pipe en silence.

Devant nous, et à perte de vue, ondulait l'océan des blés dorés.

Alors la faucheuse s'élançait et crevait cette blondeur en couchant le blé en gerbes.

Les enfants, les liens passés à la ceinture, en disposaient un devant chaque gerbe, consciencieusement.

Venaient ensuite les femmes qui, à l'aide de leur serpette, posaient la gerbe sur son lien.

Les hommes fermaient la marche qui, d'un coup sec et d'un genoux ferme, retenaient la gerbe dans son lien.

Mais la machine a tué ce bonheur paisible et nos moissons d'autrefois.

11 août

une Partie de pêche

Pierre habite près d'un étang qui est entouré de fleurs. Il vient pêcher quelquefois le matin.

Il lance sa ligne dans l'eau, attend patiemment que le poisson morde, en compagnie de ses amis les adorables papillons et libellules.

Aujourd'hui, il fait si chaud que Pierre s'endort parmi les fleurs.

Quand il se réveille, il est heureux de voir un poisson qui a mordu à l'hameçon.

Mais Pierre le trouve si charmant et si désemparé qu'il le libère.

L'heure passe ; l'enfant doit retourner à la maison. Il cueille des fleurs et les offre à sa mère.

— Merci mon chéri, dit maman très contente en l'embrassant.

Pierre raconte sa pêche.

12 août

une belle journée

Sylvie et Philippe vont à la plage chercher des coquillages.

Ils construisent ensuite des châteaux de sable et pour leur goûter, ils s'achètent des friandises.

Des mouettes viennent leur demander des parts de biscuit.

Quelques enfants jouent au ballon, une petite fille plonge dans les vagues et Sylvie l'admire sans retenue :

— Oh ! elle est très forte !

Mais l'heure passe bien vite pour les deux petits qui retournent à la maison, enchantés de leur journée.

13 août

la chanson des abricots

Nous sommes des abricots,
Appétissants et très gros.
On nous ôte nos noyaux.
Nous deviendrons confiture,
On nous mettra en bocaux.
Et l'hiver, pour leur goûter,
Les enfants, on nous l'assure
Pourront bien se régaler.
Nous sommes des abricots
Dorés par le soleil chaud.

14 août

Corinne et l'abeille

Sur la table de la cuisine
Se trouve un beau panier de fruits.
Madame Abeille les butine,
Vole autour d'eux, s'affaire, puis
Va se poser, un rien mutine,
Sur la douce joue de Corinne.
— Veux-tu bien t'en aller dehors,
S'écrie l'enfant un peu inquiète.
Madame Abeille satisfaite,
S'envole vers le soleil d'or.

15 août

ballade

Pour un petit chien, nommé Poucet,
un enfant malade guérit.

Pour un oiselet blessé,
qu'un vilain chat voulait croquer,
une rose rouge d'épines se couvrit.

Pour une petite Indienne malheureuse,
un gentil castor fit
de ses larmes, un collier.

Pour une étoile lumineuse,
un lapin amoureux
avec elle voulut se marier.

Et tant que tu souhaiteras rêver,
cette ballade ne s'achèvera jamais.

16 août

Madame la pluie

Madame la pluie dans mon jardin accroche des diamants aux pétales de mes roses.

Madame la pluie, dans le ciel, a fait jaillir un arc-en-ciel multicolore.

Madame la pluie, en bonne ménagère, chasse la poussière pour que la nature se pare de beauté.

Madame la pluie, dans le ruisselet s'en est allée, sa besogne terminée.

Alors brille de nouveau le soleil, chante l'oiseau et disparaît le nuage pendant que s'épanouit la rose dans mon jardin.

Pluie d'été, Madame, vous êtes une magicienne ou une fée.

17 août

la source et la rainette

Au pied d'un magnifique buisson de laurier rose, coulait en murmurant une jolie petite source à l'eau claire et fraîche. Le laurier croissait et embellissait, arrosé ainsi d'eau pure tout au long de l'année. Pourtant la jolie source se plaignait et se lamentait.

— Rien ne peuple mes rives, ce n'est pas amusant de n'avoir que des galets stupides ou des fleurs muettes à qui parler.

Le laurier rose, vexé, secouait ses fleurs en grappes mais bien sûr ne disait mot.

Un jour, volant majestueusement, une cigogne passa au-dessus d'eux; maladroite, elle laissa tomber sa proie : une ravissante petite rainette. Et enfin la source eut une amie qui, la nuit, coassait au clair de lune, tandis que la source murmurait en sourdine.

18 août

une mélodie d'été

Lorsque l'été inonda mon jardin de soleil, une petite note s'accrocha à mes lèvres.

Cette petite note avait grande envie de danser par ce bel été.

Alors, dès que les blés furent coupés, de cette petite note, je fis une mélodie.

Sitôt les foins rentrés, des paroles je mis sur ma mélodie afin que parle la petite note.

Depuis, si mon cœur est triste ou que la vie m'apporte des peines, vite je fredonne ma chansonnette et un rayon de soleil illumine mon logis.

Une jolie mélodie s'est blottie dans mon cœur parce qu'une petite note, un jour d'été, s'est accrochée à mes lèvres pour danser.

19 août

devant une page blanche...

Sur une page blanche, un enfant trace un soleil éclatant.

De la page blanche, un arbre, un ruisseau et une prairie brusquement jaillissent comme par enchantement.

Dans ce décor, bien vite, l'enfant, inspiré, dessine des moutons, un berger et son chien qui gambade de-ci de-là.

— Dis l'enfant, ton dessin n'est pas fini pour autant ! Allons réfléchis longuement ! Que manque-t-il donc ?

Alors en s'appliquant, l'enfant parsème la prairie de fleurs, pose un oiseau sur la branche d'un arbre et suspend dans l'air des papillons qui se mettent aussitôt à danser.

Dans le lointain, il esquisse une maison surmontée d'un toit rose. Une fumée blanche s'échappe de la cheminée vers le ciel.

Devant une page illustrée, rêve un enfant, puis il s'endort doucement.

20 août

la petite auberge

Josette et son frère René se dirigent en ce beau matin d'été dans la forêt. Ils vont construire une maison faite de branchages.

— Ce sera l'auberge des mulots et des oiseaux, dit Josette ravie.

Deux castors aident les enfants à bâtir la cabane qui est superbe.

— Venez mes amis, dit René aux oiseaux, venez nous avons des graines à vous offrir. Venez les mulots, du pain et du fromage vous attendent.

Les animaux ne se font pas prier, entrent vite dans « l'auberge » entourant les petits qui sont assis à même des coussins de mousse. On est heureux, gais; on volette, on dévore à belles dents et à petits becs.

La journée passe bien vite, agrémentée de nombreux jeux.

21 août

les gâteaux

Charlotte est en vacances chez sa grand-mère. Aujourd'hui, cette dernière décide de faire un pique-nique et se rend au village afin d'y acheter des friandises.

— Je vais inviter Julie, dit Charlotte en courant chez son amie.

Peu après, elles partent à la recherche de la vieille dame et aperçoivent bientôt sa carriole attelée à Cadi l'ânon. Une grande boîte pleine de gâteaux trône sur le siège.

En bavardant joyeusement, Charlotte et Julie dévorent les pâtisseries. Mais un peu plus tard, lorsque la grand-mère revient, elles sont prises de nausées.

— La gourmandise est un vilain défaut, dit la grand-mère en secouant la tête. Un grand bol de tilleul et il n'y paraîtra plus mais adieu pique-nique !

22 août

à la plage

En ce beau jour ensoleillé, Nicole et Tim son lapin décident de se rendre à la plage où il fera bon se baigner.

La fillette installe Tim sur son tricycle et... en route ! Vive la mer, le sable et le soleil !

Nicole se dévêt rapidement et entraîne le petit lapin dans les vagues ; ce qui n'est pas du goût de celui-ci qui se débat comme un diablotin et s'enfuit des mains de son amie.

Tim pousse un soupir de soulagement. Enfin, il a échappé à ce monstre qu'est la mer. Mais il s'ennuie tout seul ; aussi dérobe-t-il un magnifique chapeau mexicain, abandonné là un instant.

Tim coiffe le chapeau et danse si comiquement que Nicole, de retour, ne peut s'empêcher de rire de bon cœur.

23 août

le funambule de l'espace

Le funambule de l'espace, dans son habit pailleté, souhaite la bienvenue au prince charmant de la vie : l'été.

Ce magicien de l'espace, sautant sur son fil argenté, fait jaillir de son chapeau la lumière pour couvrir la terre d'or.

Ce saltimbanque de l'espace, la journée durant, sur son filin pirouette joliment.

Ce petit roi de l'espace, dans le croissant de la lune s'endort parmi ses sœurs les étoiles.

Tout au long de son sommeil, sur le dos d'une étoile filante, il ira chercher l'automne. Et comme il l'a fait pour ce bel été, le funambule de l'espace nous offrira une nouvelle féerie pour notre enchantement.

24 août

une sirène d'or et un dauphin d'argent

Petite Ophélie se promène sur la plage. Elle y ramasse des coquillages. De sa cueillette, elle fait de jolis colliers et des personnages de rêve.

Toujours seule, parce qu'elle est timide, elle fuit les enfants de son âge. On s'est si longtemps moqué d'elle, elle, l'enfant rougissante et bégayante.

La plage est son royaume. Elle y retrouve ses amis les animaux, dont le gentil dauphin. Elle l'a remis à l'eau, alors qu'il s'était échoué sur le sable. Depuis, ils sont devenus inséparables. Alors la fée de la mer veut un beau miracle pour cette enfant de la solitude. Sur le dos d'une vague, elle l'enlève. Et depuis, par les beaux jours d'été, dansent sur l'océan un dauphin d'argent avec une sirène d'or.

C'est un vieux pêcheur de la côte bretonne qui m'a conté cette légende.

25 août

roule, roule, potiron

Un potiron, aussi rond qu'un ballon s'ennuie dans le jardin. Il décide d'aller se promener.

D'un coup sec, il se libère de sa chaîne végétale, et le voici bientôt roulant dans les prés.

— Hi han, dit l'âne gris, quel étrange ballon !

Il galope après la citrouille qui se hâte de rouler encore plus vite.

Patatras ! Voilà notre potiron qui tombe dans un bassin. Plouf !

Les oies de la ferme accourent et se moquent de lui ouvertement :

— Quel stupide potiron,
Il s'est pris pour un ballon.
Mais la fermière en rage,
En fera un bon potage.
Le légume regrette son escapade.
L'âne gentiment le console.

26 août

vive la liberté !

Kipo est un petit kangourou épris de liberté et il quitte la poche de sa maman, un beau matin.

Il admire les koalas perchés sur un eucalyptus et il regrette de ne pas pouvoir monter aux arbres.

Il est surpris de voir son reflet dans une mare. Il admire les perruches et les perroquets bavards.

Mais soudain, un vent de sable se lève et Kipo se sent tout petit devant un tel événement naturel.

Vite, il va se réfugier auprès de sa mère qui le rassure.

Il promet de ne plus la quitter.

27 août

Petit Indien sur la grande rivière

Sur la grande rivière, petit Indien manœuvre son canoë.

Encore un beau voyage, encore une grande aventure.

— Bonjour madame Loutre, quelle belle pêche avez-vous fait ce matin !

— Bonjour ami Castor, quel grand barrage tu élèves là !

— Bonjour Raton Laveur, qu'elle est blanche ta lessive !

Après avoir rangé son canoë dans les joncs de la rive, petit Indien rentre au camp. Comme un grand chasseur, il apporte fièrement à sa maman les poissons de dame Loutre, les œufs offerts par le Raton Laveur, les baies sauvages cueillies par l'ami Castor.

Demain, avec son canoë, il repartira sur la grande rivière pour d'autres aventures, pour visiter d'autres amis.

Il faut en profiter car le bel été va bientôt s'achever.

28 août

Justin fait des bêtises

Justin est un petit âne charmant, mais il fait beaucoup de bêtises.

Hier il a plongé sa queue dans un pot de peinture, en a éclaboussé le mur, et s'est enfui, quatre pots de fer à ses pattes, comme sabots.

Aujourd'hui, il voit une paysanne chargée d'un panier de fruits. Justin met le panier sur sa tête et va d'un pas alerte jusqu'au marché.

Sur la place du marché, il échange les paniers des paysans. Il pense que c'est drôle et brait de toutes ses forces.

29 août

Souricette

Souricette ne sait plus où donner de la tête ! On vient de lui apprendre que cent enfants, ont le même jour, perdu une dent. Comment va-t-elle faire pour passer sous tant d'oreillers en une seule nuit ?

Souricette est affolée, jamais son sac ne contiendra tous les cadeaux échangés contre toutes ces dents tombées.

Alors, ses amis sont venus à son aide. Les abeilles lui ont offert une hotte. Puis, la libellule rose l'a enlevée sur ses ailes pour commencer sa tournée. Ensuite, c'est avec le papillon jaune qu'elle a achevé ses visites. Sur le dos de la coccinelle, au petit matin, elle regagne sa chaumière.

Souricette est heureuse d'avoir tant de gentils amis. Pour les remercier, Souricette leur confectionne un gros gâteau.

30 août

papillon vole

Sylvie poursuit un papillon,
Sylvie l'attrape sans façon.
Mais elle est emmenée alors
Au beau pays des rêves d'or.
La cousine du papillon
Est une douce libellule
Et ses grandes ailes de tulle,
L'aident à voler sur les eaux.
Sylvie voit d'étranges abeilles,
Blondes et grandes, des merveilles !
Elle danse avec un ourson
Qui voulait dérober leur miel,
En petit gourmand qu'il était.
Sylvie lui offre son goûter;
Puis elle se sent fatiguée
Et prie le gentil papillon
De la conduire à sa maison.
— A demain, mes petits amis,
Je reviendrai dans ce pays,
Promet la charmante Sylvie.

31 août

l'oncle d'Amérique

Sur sa banquise glacée, petit pingouin se frotta les ailerons. Brr ! qu'elle était froide l'eau ce matin ! Alors, pour se réchauffer, il décida d'aller taquiner l'otarie.

Occupée à bavarder, l'otarie se fâcha et d'un coup de queue l'envoya rouler. Dans un grand plouf, à la mer il retomba.

Un gentil dauphin, qui croisait dans les parages, reçut notre pingouin sur le dos. Sans attendre, il regagna la haute mer pour plus de sécurité. Il ne voulait pas se faire assommer.

Voilà comment petit pingouin se retrouva sous le soleil de Floride.

Dans ce beau pays, tout avait une couleur, même petit pingouin, si bronzé maintenant que noir il devint. Seul, son ventre conservait la blancheur de la banquise. De noir et blanc s'habillent les pingouins en souvenir de leur oncle d'Amérique.

1er septembre

la Petite fée Amandine

Assise dans son fauteuil de pétales de roses parfaitement douillet, Amandine, la petite fée toute rose de la tête aux pieds, ne peut croire ce que révèle sa boule magique.

Cette dernière vient de lui apprendre que le soleil ne veut jamais se montrer dans un petit village. Le vent souffle sans cesse, les nuées sont menaçantes et la neige tombe souvent.

— Eh bien ! dit Amandine, il faut remédier vivement à ces ennuis !

Aussitôt, elle vole à bord de son avion rose jusqu'au soleil et lui reproche :

— C'est très mal d'oublier ce village !

A l'aide de ciseaux étranges, elle coupe les plus beaux rayons du soleil qui est navré d'avoir agi de la sorte et lui offre sa chaleur.

Amandine met les rayons dans une étrange boîte et atterrit dans le village pendant la nuit.

Elle accroche les rayons aux branches des arbres, aux toits des maisons et dans les jardins tristes, plante des roses de toutes espèces.

Au matin, la neige a disparu et les nuages ne résistent pas au soleil. Les oiseaux chantent à tue-tête et Amandine danse de joie.

2 septembre

l'été a trop vite passé

— L'été a trop vite passé,
A dit l'abeille
Fleurant le miel.
— L'été a trop vite passé,
A dit la libellule
Aux ailes de tulle,
Sur les reines des prés
Au creux des fossés.
— L'été a trop vite passé
A dit la cigale,
A la fin du bal.
— L'été a trop vite passé,
A dit l'hirondelle
Fuyant à tire-d'aile.
— L'été a trop vite passé,
Mais dans ton cœur,
La joie est restée.
Celle des roses ensoleillées,
Celle des nuits étoilées,
La joie émerveillée.

3 septembre

la petite maison

Au bout de tous les chemins,
Entre les blés, le sarrasin,
Fleurant le thym,
Le romarin,
Au bout de tous les chemins,
Le hérisson,
Le vieux grognon,
A bâti sa petite maison,
Comme un maçon.
Avec de la pierre
Où grimpe le lierre,
Avec un banc de bois,
Abrité sous le toit.
Au bout de tous les chemins,
Ce hérisson,
Le vieux grognon,
A accueilli tous ses amis,
Même les cigales et les fourmis,
Pour y passer gaiement l'hiver,
En attendant les primevères...

4 septembre

un lionceau trop curieux

Nika, le lionceau demande :

— Qu'y a-t-il, là-bas, derrière les hautes herbes de la savane ?

— Le village des hommes avec des huttes pour dormir, répond la lionne.

— Je voudrais voir, dit Nika.

— Oh ! Nika, ne t'en approche pas !

Mais Nika est un lionceau curieux, si curieux, qu'un matin il part tout seul dans les hautes herbes...

Il avance prudemment d'abord, puis hop, il saute sous les feuilles... Et plouf ! Il tombe dans un piège.

— Hé ! venez vite voir, crie Mamadou.

Les enfants accourent joyeux :

— Un lionceau ! annonce Mamadou.

Depuis ce jour-là, Nika est devenu l'ami de Mamadou qui lui permet parfois d'aller dormir dans la savane.

5 septembre

le retour de l'automne

Monsieur Automne est revenu.
Vêtu d'un chapeau de grisaille,
D'un étrange manteau ouaté,
D'une grande écharpe de brume.
Il a glissé dans la vallée,
Et l'a prise dans son manteau.
Les bergers avec leurs troupeaux
Sont retournés de la montagne.
Le vent roux tournoie sur l'étang,
Et les oies s'en vont cancanant.
C'est l'arrivée des feux de bois,
Des châtaignes chaudes et cuites
Sous les cendres à la veillée.
Chantez mes enfants tous en chœur,
Chantez les jolis chants d'automne.
Dans la forêt riche en couleur,
Cueillez la moisson de l'automne,
Formez autour des champignons,
Des sarabandes toutes folles,
Avec les animaux des bois.

6 septembre

Angélique invite

Angélique a invité ses amies à goûter. Pour cette circonstance, elle a sorti sa petite table sur la terrasse. Autour, elle a installé les petits bancs que papa a fabriqués. Elle a aussi sorti son minuscule service en porcelaine.

Des petits cailloux blancs remplaceront le sucre, et un peu de terre délayée dans de l'eau simulera très bien le thé. Quelques petites fleurs posées sur des feuilles imiteront parfaitement les petits fours.

Il lui tarde que ses amies arrivent. Enfin les voilà ! Chacune s'installe et l'on s'amuse bien.

Au bout d'une heure, la maman d'Angélique appelle les fillettes pour goûter.

Hum ! Les savoureux gâteaux et le délicieux chocolat fumant !

Évidemment ce goûter est moins amusant que celui préparé par Angélique, mais tellement meilleur !

7 septembre

le nid des cigognes

Hans habite une jolie maison toute fleurie dans un petit village alsacien. Il est très fier de voir jour après jour des inconnus s'arrêter devant sa porte afin d'admirer les vieilles poutres noircies sur les murs blanchis à la chaux. Les géraniums rouges tombant en grappes devant les vitres étincelantes arrachent, eux aussi des exclamations aux touristes. Mais ce dont le petit Hans est ravi c'est du beau nid de cigognes planté tout là-haut sur la vieille cheminée hors d'usage. Cette année deux petits cigogneaux sont nés. Hélas ! ce matin le nid était vide, le garçonnet a en vain guetté toute la journée le retour de ses amis ailés. Sa maman lui explique alors qu'ils reviendront au printemps car l'hiver ils s'envolent vers les pays chauds.

Hans leur souhaite bon voyage. Ils reviendront fidèlement l'an prochain.

9 septembre

berceuse

Au clair de la lune,
Dors vite, mon petit,
Car dans la clairière du Bois-Joli,
Contre le flanc d'une biche,
Pierrot et Colombine
Se sont endormis.

Les oiseaux ravis,
Pour les protéger du froid de la nuit,
Sur eux, ont mis une couverture fleurie.

Les veillant,
Le lutin des bois
Leur chante de sa douce voix :
— Au clair de la lune,
Dors vite, mon petit.

8 septembre

la fête foraine

— Oh ! regardez, là-bas, un manège !

Venez, mes amis, allons faire un tour de chevaux de bois ! s'écrie Jean-François.

Le manège est magnifiquement décoré et chacun s'élance.

Jean-François chevauche un superbe pur sang. Le voici devenu shérif.

Il est formidable !

Tous l'admirent.

Pendant que ses amis montrent leur adresse au tir, Jean-François, devenu cycliste, s'élance pour la dernière étape.

La fête foraine a attiré beaucoup de monde sur la grand-place du village.

Les badauds se pressent vers les baraques multicolores où les forains les accueillent avec joie.

10 septembre

Colori-Colora

Dans un grand bois fleuri, une maman Lapin a bien du souci avec ses petits.

Attention au renard et aux chasseurs !

— Colori-Colora, tu auras un habit vert comme le printemps. On ne te verra pas.

— J'aime qu'on me voie !

— Gros bêta, le renard malin aussi te verra !

La maman peint son petit en vert. Colori-Colora, tu peux courir dans le bois tant que l'herbe et les feuilles sont vertes.

La lumière dorée de l'été perce le bois.

La maman Lapin dit :

— Tu seras de la couleur du blé mûr !

— Comme je suis beau !

Voici l'automne de pourpre et d'or.

— Colori-Colora, tu seras couleur de châtaigne et de feuilles mortes !

— Je ferai la chasse aux chasseurs !

La neige recouvre la forêt.

— Colori-Colora, tu seras tout blanc !

— Je serai beau, s'écrie le petit lapin, tout le monde m'aimera !

A la fin de l'hiver, Colori-Colora va dans le bois où la neige a fondu.

— Hou ! Hou ! Ouaf ! Ouaf ! aboient les chiens.

— Maman ! Maman !

Je serai obéissant !

11 septembre

les insectes

La libellule frêle et gracieuse vole deçi de-là, et se pose sur les roseaux fragiles, surplombant la rivière.

L'abeille bourdonne. Active, elle suce le suc des fleurs qu'elle emportera dans l'essaim, pour la fabrication du miel.

Les fourmis travailleuses s'affairent, elles aussi. Certaines regagnent la fourmilière avec quelque nourriture, tandis que d'autres en reviennent et repartent à la recherche de nouvelles denrées. Tout ceci en vue d'un hiver proche.

Les coccinelles aussi se promènent. Si vous les voyez, vous les reconnaîtrez. Ce sont de petites bêtes inoffensives, rouges avec de petits points noirs sur le dos. Observez-les.

Une mante religieuse bondit dans les herbes.

Quel est ce bourdonnement ? C'est un frelon. Méfiez-vous de lui, sa piqûre est dangereuse. Ne l'attaquez pas, il vous laissera tranquille.

Et si le soir, dans la nature, vous entendez une musique composée de cris mystérieux, ne vous inquiétez pas. Le monde des insectes est en grande discussion...

12 septembre

allez les verts !

Delphine s'appliquait à dessiner le compotier qui trônait au milieu de la table. Plus difficile était pour elle de peindre les noix qui s'y trouvaient. A force de fixer cet ensemble tout se brouilla devant ses yeux. C'est pourquoi, elle ne s'étonna pas de voir s'ouvrir une noix et une fée aux ailes de papillon en sortir.

Brusquement, une autre noix bâilla ; en surgit un lutin tout vert. Toutes les noix éternuèrent ensemble, libérant des lutins verts, des lutins rouges. Delphine pouvait en compter onze de chaque couleur. Alors, la fée ailée lança une noisette sur la table. Des joueurs, un ballon et un arbitre : tout ce qu'il fallait pour que se déroule un match de football.

Delphine n'en croyait pas ses yeux. Emportée par le jeu, elle se mit à crier, en battant des mains :

— Allez, les verts !

Mais tombe le compotier, roulent les noix, disparaissent les lutins. Le rêve s'achève, petite Delphine se réveille, à côté d'un compotier rempli de noix.

13 septembre

Pour mes amis si malheureux

— Dis la grenouille, tu ne sautes plus ?

— J'ai cassé mes ressorts dans l'ornière du fossé.

— Dis l'escargot, qu'as-tu fait de tes cornes ?

— Le vent me les a rentrées.

— Dis le lézard, tu ne sors plus de ton trou ?

— Ma queue est cassée, j'attends qu'elle repousse.

— Dis la tortue, où est ta maison ?

— Chez le couvreur, je l'ai laissée pour réparer le toit.

Voyant mes amis si malheureux, bien vite j'ai tricoté un bonnet de chat pour l'escargot, taillé un habit à queue de pie pour le lézard.

A la tortue, j'ai offert une charlotte en broderie anglaise pour mettre sur son dos.

A la grenouille, dans une branchette de noisetier, j'ai façonné une perche.

14 septembre

la rentrée

Voici le temps de la rentrée,
Des livres neufs, des beaux cahiers.
Sophie s'applique, tire la langue,
Prend les couleurs et les mélange.
Sa feuille d'automne bien coloriée,
Par la maîtresse est découpée.
Sur le mur blanc, quel beau dessin !
Toute la classe bat des mains.
Sophie toute rose, intimidée,
Par la maîtresse est embrassée.

15 septembre

l'histoire d'un petit panier

Un panier d'osier s'ennuyait. Depuis plusieurs jours, il était suspendu à un clou et on ne l'emmenait plus au marché.

Le panier rond décida de courir à l'aventure, et pour cela, il se détacha du clou, puis il roula au sol et franchit la porte.

Un chien complaisant passait justement par là; il le prit entre ses crocs et le mena dans la forêt.

— Oh, quelle chance ! s'exclama un écureuil, voilà ce qu'il me faut.

Il s'en empara vivement et se mit à ramasser noisettes et glands.

C'est le panier qui était content de pouvoir rendre service !

Toute la journée il fut rempli et le soir, il désira se reposer.

Il s'endormit près de l'écureuil.

16 septembre

un petit ours mal léché

Un petit ours
Mal léché,
Un petit ours
Fatigué,
Dans un grand bois
S'est arrêté.
Eh bien !
C'est moi,
Le petit ours
Mal léché,
Le petit ours
Fatigué,
Accueillez-moi
Lutins des bois !

18 septembre

la bonne omelette

— Fais-moi voir les champignons que tu as cueillis. Qu'ils sont beaux, il y en a de toutes sortes mais certains sont sûrement vénéneux ! Moi je n'ai ramassé que des girolles, je les connais bien et elles sont délicieuses.

— Je crois que tu as raison, je vais faire comme toi et jeter ces champignons aux couleurs si tentantes.

Claire et Caroline partent, bras dessus, bras dessous, à la recherche des corolles orangées qui parsèment le sous-bois. Quelle bonne omelette en perspective !

17 septembre

Kiki le kangourou

Madame Bertille, une jolie maman kangourou sautait sans entrain dans sa savane natale, lorsqu'elle s'entendit appeler par Genny, une grand-mère koala de ses amies.

— Que vous arrive-t-il, Bertille, ma gentille voisine ? vous voilà bien languissante !

— Hélas ! soupira Bertille, il s'agit de mon petit dernier, chère amie. Il ne veut absolument pas me quitter, il se fait lourd à présent et j'ai beaucoup de mal à sauter. Voyez ce coquin qui pointe à peine son museau hors de ma poche ventrale !

— Il fait trop chaud, j'ai des ampoules aux pattes, grommela Kiki le petit kangourou, en se pelotonnant davantage contre sa maman.

— Je vois, je vois, soupire Genny. Il faut protéger tes pattes. Je vais donc te tricoter des chaussons en fil.

Sitôt dit, sitôt fait...

Désormais muni de jolis chaussons rayés, Kiki trotte fièrement à travers la savane.

19 septembre

un tour de valse

La feuille de marronnier poudre son nez d'or et met du pourpre à ses lèvres.

Revêtue d'une robe mordorée, elle s'envole à bord de son carrosse étoilé, au bal de l'automne.

Le vent, prince du charme, l'enlève pour une valse majestueuse.

Elle tourbillonne à son bras, légère et gracieuse, au son des violons de l'automne.

Grisée, elle continue à voltiger. Elle ne s'est pas rendu compte que, l'ayant abandonnée, le vent capricieux valse au bras d'une nouvelle cavalière.

Alors, ivre de chagrin dans sa robe de lumière, elle gît sur le sol humide, loin des flonflons de la fête.

Avec ses sœurs, demain elles formeront un tapis éblouissant où se cacheront champignons et châtaignes, où s'endormira la violette, où disparaîtra la fougère.

20 septembre

les hirondelles

Que se passe-t-il ? Dames hirondelles sont réunies par dizaines sur les fils électriques et gazouillent à qui mieux mieux ! Elles préparent leur grand voyage d'automne vers les pays tropicaux. Bientôt, elles fuiront les premiers froids et voleront à tire-d'aile vers l'Afrique accueillante. Il est bien dommage que nous ne puissions les accompagner !

21 septembre

le petit singe en peluche

Sur une étagère dans la chambre de bébé, un petit singe en peluche tout neuf se lamentait, prenant à témoin les autres jouets.

— Voici deux mois que je suis perché là sur cette stupide planche en bois. Regardez mes jolis yeux brillants, ma fourrure brune et soyeuse, mes longs bras souples, prêts à entourer le cou de ce gentil petit garçon couché, tout près. Et jamais pourtant, jamais sa menotte ne s'est tendue vers moi. J'en dépéris, isolé là-haut.

Gisant à terre, un petit ours cligna tristement son œil unique et lissa son poil terne et pelé.

— Je sais moi, ce qui t'arrivera lorsque Bruno s'emparera de toi. Il te mordra l'oreille, t'arrachera une patte ou un œil, alors tu regretteras ton étagère bien tranquille. Pourtant, soupira le petit ours, lorsqu'il te câlinera pour s'endormir tu ne regretteras rien de tout cela. Un bébé c'est tellement gentil !

22 septembre

un clair de lune pour hérisson

Au clair de lune dans le verger, vois le hérisson argenté se mettre en boule, tout en haut du tas de pommes. Regarde-le rouler le long de la pente bosselée.

Sur ses piquants s'embrochent les pommes parfumées.

Contemple avec quelle adresse il se remet sur ses pattes pour bien vite porter sa hottée dans son terrier. Sans relâche, ce grand alpiniste reprend son ascension. Admire son courage et sa ténacité car il ne s'arrêtera que lorsque son grenier sera plein.

Alors, il ira dormir, l'esprit serein. Il sait, maintenant, que peut venir le long hiver.

Il ne souffrira pas de la faim.

Ses pommes, il croquera bien au chaud dans sa maison.

Quelle leçon de courage nous donne ce petit hérisson.

23 septembre

la cueillette des mûres

Promenons-nous dans les bois... Chantent en chœur Jacques, Claudine et leurs amis. Ils sont partis pour cueillir des mûres et c'est pleins d'ardeur qu'ils gambadent en lisière de la forêt, mêlant leurs voix aux trilles des pinsons.

— Les voilà ! les voilà, s'exclament les enfants qui, aussitôt, grappillent les baies noires.

Adieu les confitures, la récolte sera maigre mais les estomacs seront satisfaits. Repus, les enfants prennent le chemin du retour, barbouillés de jus parfumé.

24 septembre

les feuilles de rhubarbe

Il était une fois un pied de rhubarbe dont les feuilles étaient tristes.

— A quoi nous sert d'être si belles et si vertes ! soupiraient-elles. Personne ne veut de nous. Le pied de rhubarbe sert à faire de délicieuses tartes, de savoureuses confitures, mais nous, on nous dédaigne, on nous laisse jaunir.

Pourtant, un jour, le ciel noircit, des nuages s'accumulèrent. Bientôt de larges gouttes rafraîchirent la pelouse.

Alors, vite, vite, une abeille chargée de pollen vint se réfugier sous les larges feuilles, puis un magnifique papillon aux ailes alourdies de pluie, se posa avec soulagement auprès d'elles.

Enfin un minuscule chaton accourut.

—Quelle joie, dirent-ils tous trois d'être enfin à l'abri !

25 septembre

le mille-pattes

Un mille-pattes un beau matin,
Se promenait dans un jardin.
Lorsque soudain dans une allée,
Une musaraigne le fit stopper.
— Dites-moi un peu mon cher voisin,
Dit la souris d'un air malin,
Vous qui courez si rapidement,
Est-ce vos pattes de devant
Qui les premières vous entraînent,
Ou celles de derrière qui mènent ?
Pauvre mille-pattes embarrassé,
Il toussota l'air fort gêné.
— Toutes mes pattes sont agiles,
Et sans effort elles défilent,
De part et d'autre de mon corps,
Sans exiger beaucoup d'efforts.
Et s'enfuyant d'un air vexé,
Il prit congé de la rusée.

26 septembre

le petit lapin de garenne

Dans les garennes je suis lapin,
Broutant le thym, le romarin.
Mais ce que j'aime par-dessus tout,
C'est la laitue et puis les choux.
Aussi la nuit quand vous dormez,
Je me faufile dans le potager.
Ah quel régal, quel beau festin !
Dans les allées, je vais et viens.
Croquante à souhait cette salade,
Et ces carottes sont délectables.
Le joli chou si bien pommé,
Je vais c'est sûr, m'en régaler !
Soudain, alerte ! le chien de chasse,
Lancé, furieux poursuit ma trace.
Le jardinier fort mécontent,
Brandit sa fourche très méchamment.
Je dois m'enfuir, mais reviendrai,
Et tous vos choux, je croquerai !

27 septembre

de grands amis

Josépha la tortue, rêve d'aventures; elle part explorer le bois...

Dans la clairière, elle va de découverte en découverte : les coupes orangées des chanterelles percent l'humus aux senteurs fraîches, les coques épineuses des marronniers s'entrouvrent sur leurs fruits luisants, les glands oblongs ont perdu leurs cupules en tombant sur le sol, les premières feuilles mortes font un léger tapis mordoré et quelques mûres pulpeuses restent accrochées aux ronciers...

— Quel chemin emprunter ? se demande Josépha, ils se ressemblent tous.

— Je vais t'accompagner, répond Hector le hérisson qui observait notre amie depuis un moment, mais la prochaine fois, ne pars pas seule dans les bois...

Josépha a retrouvé son jardinet et Hector sa forêt mais ils sont restés de grands amis...

28 septembre

la chanson des trois petits canards

Nous sommes trois petits canards
Qui remontons la rivière,
Nous barbotons dans l'eau claire
En poussant des « coin-coin » joyeux.
Nous affrontons le vent bleu
De l'automne qui allume
Dans la forêt, ses jolis feux.
Le froid, la chaleur, la brume
Ne nous rendent pas peureux.
Nous sommes trois petits canards
Nés au printemps par hasard,
Dans une touffe d'herbe tendre.
Nous cancanons à qui veut l'entendre
Que la vie c'est merveilleux.
Nous sommes trois canards joyeux !

29 septembre

Tic le rouge-gorge

— Pourquoi le plumage de ma gorge n'est-il pas rouge comme le tien ? demande un jour Tic à sa mère.

— Cela viendra lorsque tu seras plus grand, répond maman Rouge-Gorge en retournant à ses occupations.

Mais Tic veut une gorge rouge immédiatement ! Aussi lui vient-il une idée extraordinaire.

Dans la cabane du jardinier, il y a un pot de peinture rouge vermillon. Voilà qui fera l'affaire !

Il s'en barbouille la gorge de deux couches puis, très fier de lui, s'envole dans le jardin pour se faire admirer.

Papa et maman Rouge-Gorge stupéfaits, n'en croient pas leurs yeux et poussent de grands cris.

Heureusement, la peinture est à l'eau et, après un bon savonnage, Tic doit attendre patiemment pour avoir la plus belle gorge rouge qui soit !

30 septembre

Lucifer

— Lucifer ! Lucifer ! tais-toi, viens ici !

Lucifer, sourd aux appels de sa maîtresse, continue d'aboyer avec frénésie. Il voudrait bien attraper le gros hérisson qui vient de se coincer dans les mailles du grillage. Maman accourt et, munie de gants solides, parvient à délivrer le malheureux animal qui s'empresse de rejoindre le bois voisin.

— J'aurais bien aimé le garder !

— Il aurait été prisonnier et serait sans doute mort de tristesse. Il nous connaît maintenant et peut-être viendra-t-il boire un peu de lait dans le bol du chat !

1er octobre

Rex sera chien de garde

C'est moi Rex, le chien de la maison.

Je suis un berger allemand et mon maître veut faire de moi un bon chien de garde.

Je suis encore trop petit : j'ai deux mois. Je préfère mordiller ses pantoufles, ou bien, m'allonger sur le paillasson. J'aime dormir.

Mon maître m'appelle. J'accours tout ensommeillé et savez-vous ce qu'il me dit ?

— Donne la patte, Rex.

Je le regarde, ahuri, car j'ai besoin de mes quatre pattes moi !

Ensuite, il lance un bâton au loin et crie :

— Va chercher et rapporte !

Rapporte, qu'est-ce que ça veut bien dire ? moi je vais chercher le bâton et je l'emmène sur mon paillasson pour le mordiller avant de me rendormir.

Alors, mon maître se fâche. Pourquoi ? Allez-vous me le dire ?

Je ne suis pas malheureux. Je mange bien. Je suis caressé. J'aime ça et pour le prouver, je lèche les mains de mon maître. Il me fait une place aussi dans la voiture. Il me sort pour aller gambader dans la campagne. Il joue au ballon, et j'essaie vainement d'attraper la balle. Chaque fois, que je la rattrape, il me dépasse et la renvoie plus loin. Alors, j'aboie pour manifester mon mécontentement.

— C'est bien, Rex, dit-il, tu auras de la voix !

Bizarre ! ne trouvez-vous pas ?

2 octobre

les Petits merles

J'ai dix petits merles au jardin,
Pas un de plus, ni un de moins.
Trois batailleurs, toujours piaillants,
Dans les noisetiers, se querellant.
Il y en a aussi trois bien élevés,
Suivant leur mère sans se disputer.
Trois autres enfin sont très gourmands,
Et tout le jour, vont picorant.
Mais le dernier que j'aime bien,
Mange les restes de mon pain,
Tous les matins sur mon balcon,
Il vient chanter, gentil fripon.
Sa jolie voix encore fluette,
Me dit : — lève-toi, fais ta toilette.
Allons presse-toi, viens déjeuner.
Tu le vois bien, je suis affamé.
J'ai dix petits merles sur le gazon,
Battant des ailes à l'unisson.

3 octobre

Sim devient Jockey

Sim le chien est de très bonne humeur en ce beau dimanche : il a décidé d'assister aux courses de chevaux.

Sur la route qui mène à l'hippodrome, il sifflote joyeusement.

Il prend une place au pesage. Là, il pourra admirer les chevaux de plus près, mais aussi les toilettes des élégantes.

Sim trouve que les jockeys ont de bien belles tenues.

Mais là, tout près, un cheval noir semble abandonné.

— Comme j'aimerais le monter ! pense-t-il. Hop ! Allons-y ! Il grimpe sur le dos du cheval... Le départ est donné... Les chevaux s'élancent...

Sim a beaucoup de mal à demeurer sur la selle. Quel métier !

Soudain il y a une secousse... Le cheval vient de passer un obstacle. Une autre secousse... Cette fois, il franchit une rivière.

Sim est projeté en l'air puis retombe à l'envers sur la selle, tandis que le cheval court de plus en plus vite.

Le petit chien arrive le premier au poteau. Bravo Sim ! tu es un champion !

4 octobre

les Petits sabots

En ce temps là, vivait une petite fille prénommée Marie. C'était la plus douce et la plus gentille des fillettes. Elle vivait avec ses parents dans une humble maisonnette à l'orée de la forêt, et avait un long, très long chemin à parcourir pour se rendre à l'école.

Or, ses parents étaient très pauvres, si pauvres qu'il arrivait parfois à l'enfant de marcher pieds nus. Mais l'hiver était là, couvrant les chemins de glace coupante et Marie ne pouvait plus aller à l'école. En grand secret, son père choisit une belle bille de bois blond et, la nuit il creusa, polit le hêtre et obtint une ravissante paire de petits sabots. Enfin, pour amuser la petite Marie, il sculpta et peignit une marguerite bleue sur le sabot de droite, une marguerite rouge sur le sabot de gauche.

— Clip, clap, chantaient les sabots sur le sentier, clap, clip, sur le sol gelé. Une fleur rouge, une fleur bleue, sur le chemin des écoliers.

5 octobre

Mi-Chat

Il était une fois un petit chat noir et blanc. Rien là de bien extraordinaire me direz-vous, mais ce chaton avait la tête, les pattes de devant et la moitié du corps tout noirs et l'autre moitié du corps entièrement blanche, ce qui lui donnait un aspect assez comique.

Lorsqu'il jouait dans les buissons, maman chat, elle-même, croyait y trouver deux de ses enfants. Comme ses frères se moquaient beaucoup de lui, le petit chat décida de partir afin de se faire adopter. En chemin, la neige se mit à tomber et le pauvre petit chat tremblait de froid. Aussi arriva-t-il grelottant devant la porte d'une ferme.

— Miaou ! miaula le pauvret.

— Maman, regarde ce joli chaton tout blanc, s'écria une petite fille en ouvrant la porte. Comme il est beau !

Hélas ! à la chaleur de l'âtre, la neige fondit et Minet angoissé retrouva sa curieuse fourrure.

— Que tu es drôle ! s'écria la fillette en le serrant sur son cœur. Je te trouve encore plus beau, deux fois plus. Je te baptise MI-CHAT.

6 octobre

la rainette

Cette année-là, le soleil d'octobre était brûlant. Sous une haie, un jeune escargot dépérissait. Tout près de là, coulait une source, mais il était trop faible pour entreprendre le trajet.

Une rainette le prit en pitié.

— Laisse-toi glisser sur mon dos. Tu est léger, je te porterai à la fontaine.

Ainsi fut fait. La petite grenouille atteignit en quelques bonds les abords de la source.

— Merci, merci petite amie, dit l'escargot glissant sur la mousse fraîche. Tu m'as sauvé la vie.

7 octobre

la maison du bonheur

Souriceau quitte le jardin et gagne le grenier. La neige ne tardera pas à tomber et trouver une nouvelle demeure, où il sera à l'abri du froid, devient urgent.

C'est bien le diable, si dans tout ce bric-à-brac...

— Voilà ce qu'il me faut, dit Souriceau en s'arrêtant devant le moulin à café de grand-maman.

Dans le tiroir, bien vite, il installe son lit. Dans le réservoir, il entasse ses provisions.

Jamais, Souriceau n'a trouvé d'aussi jolie maison ! Il faut que demoiselle Souricette voit cela. L'ingénieur Souriceau invite Souricette à s'asseoir sur le bouton de la manivelle. Après quoi, entraînant la tige de fer, Souriceau fait tourner Souricette. Souricette se croit au manège. Souriceau fit, d'ailleurs, si bien tourner la tête de sa belle que la sienne se mit à tourner aussi et qu'ensemble ils se marièrent. Le moulin était devenu la maison du bonheur pour nos gentils souriceaux.

8 octobre

l'automne joli

Roule le marron luisant.
Valse la feuille mordorée.
Saute la noisette blonde.
Tombe la grappe de raisin mûri
Dans la hotte du vendangeur.
Bondissent les champignons ventrus
Dans les fougères rousses.
Rougit la pomme après sa branche.
Flambe la forêt
Dans l'or de cet automne joli.
Pendant que Sylvie et Romy
Chantent joyeusement sur le sentier.
Elles se dirigent vers le bois
Dans l'or de cet automne joli.

9 octobre

la cueillette des olives

Olives vertes, olives noires, elles sont prêtes à être cueillies et Jasmine se dépêche d'aller aider sa grand-mère.

On les gaule, elles tombent vivement au sol. La fillette les ramasse et les met dans un grand panier.

Le soleil est encore chaud et les courbatures se font sentir, mais la petite fille n'y fait pas attention car ce soir, à la veillée, elle aidera grand-mère à mettre des olives en bocaux et elle triera les autres pour les emporter au moulin à huile.

La belle huile dorée sera mise en jarres et on la puisera avec une énorme louche pour la verser ensuite dans des bouteilles.

10 octobre

dans un grand bois feuillu

Dans un grand bois feuillu,
Un écureuil dodu
Passa tout son été
A sauter et danser.
Vint le bel automne,
Et la saison des pommes.
Dans le bois rouillé,
L'écureuil Roux-doré,
Continua à danser
Comme au cœur de l'été.
Ses frères firent la cueillette
De faînes, de noisettes
Et de champignons
Tout ronds.
Vint l'hiver dans l'arbre creux.
Hou ! Hou ! Vilain paresseux !
Affamé, Roux-doré pleura.
Alors ses frères attristés,
Lui donnèrent des noisettes.
Roux-doré les croqua et se régala.

11 octobre

Alexis cosmonaute

— Alexis, à quoi rêves-tu ?
— Oh ! à rien maman.
— Tu es toujours dans la lune.

Alexis esquisse un sourire. Maman ne croit pas si bien dire.

En effet, il rêve d'être cosmonaute. Plus tard, il construira une fusée, une vraie, avec un tas de boutons et de commandes.

Dans sa tête il compte à rebours : 10.9.8.7.6.5.4.3.2.1.0., et la fusée file dans l'espace, à une allure vertigineuse. Il est déjà arrivé sur la lune. Et, comme un vrai cosmonaute, il plante dans le sol un drapeau qu'il a lui-même confectionné. Il est blanc et en lettres d'or on peut lire : ALEXIS.

— Alexis, à quoi rêves-tu ?

12 octobre

les Pommes

Trois petites pommes dans un pommier,
Au gré du vent se balançaient.
Voici octobre disait l'une d'elles,
Qui peint de bleu toutes les prunelles.
Allons mes sœurs mûrissons vite,
Le vent fraîchit, le soleil nous quitte.

Trois petites pommes, un frais matin,
Dans un panier de beau rotin,
Quittèrent leur arbre à tout jamais,
Et furent placées sur un buffet.
Leurs bonnes joues rouges vernissées,
Furent tout d'abord fort admirées.

Mais au dessert, flanquées de noix,
Elles furent croquées comme mets de choix !

13 octobre

Nicolas et Pouny

— Allons voir les bêtes de la forêt propose Nicolas à son chien Pouny.

Justement voici un lézard dormant au soleil, mais à l'approche des deux amis, il s'enfuit. Plus loin voilà un lièvre. Alors Pouny aboie et le lièvre détale. Ensuite Nicolas tente d'attraper des papillons.

— Ils sont si fragiles, laisse-les ! supplie le bon Pouny. Mais soudain le chien aboie :

— J'ai trouvé un bébé hérisson ! Alors Nicolas éclate de rire :

— Bêta, c'est une châtaigne !

Enfin les deux amis rencontrent un écureuil faisant des provisions pour l'hiver.

— Viens jouer avec nous, lui proposent Nicolas et Pouny.

— Non, j'ai trop de travail ! répond l'écureuil.

— Pas de chance aujourd'hui ! crient les deux amis en s'en allant.

14 octobre

la girafe

Une girafe dans un zoo,
Tournait en rond dans son enclos.
Pleurant d'ennui pour sa forêt,
Elle trouvait cet endroit bien laid !
Ni les feuillages, ni les fruits,
Ne stimulaient son appétit.
Elle maigrissait et son poil terne,
A son gardien faisait de la peine.
Un soir d'hiver tout enneigé,
Une jeune guenon put s'échapper.
Or la girafe avait bon cœur,
Elle protégea le singe fugueur.
Lui trouvant même une cachette.
— Conte-moi la forêt, la savane,
Et les grands arbres et la montagne.
Et le soleil rouge et brûlant,
Et les grands fauves et les serpents.
Toi qui as connu tout cela,
Dit la guenon, dépeins-les moi.
Depuis ce jour fini l'ennui,
Car la girafe a une amie.

15 octobre

les noisettes

Balancées par le vent d'octobre, trois noisettes se lamentaient.

— Voyez, admirez le vert tendre qui protège nos coquilles encore fragiles. Ignorez-vous combien nous sommes élégantes dans nos robes festonnées ? Et nous restons là, tristement attachées à ce branchage stupide qui nous tient prisonnières.

Pourtant un jour, le vent fraîchit et une bourrasque plus forte précipita à terre les trois noisettes enfin libérées. En quelques heures, la parure verte et fragile qui les enrobait, roussit et se recroquevilla, dévoilant leur coquille dorée à souhait. Déjà elles se réjouissaient, contemplant avidement le chemin tapissé de feuilles mortes, lorsqu'un cri de joie retentit.

— Maman, les premières noisettes!

Une petite main les saisit et en les retournant les dépouilla de leur parure flétrie. Le soir même à la veillée, comme elles l'avaient désiré, nos trois noisettes furent admirées. Mais juste avant d'être croquées...

16 octobre

les fleurs séchées

Au printemps, j'ai cueilli des pensées mauves et jaunes, du myosotis, petites fleurs minuscules et bleues, quelques boutons d'or aussi.

Cet été, juste avant la moisson, je ramasserai des épis de blé.

Et à l'automne, je trouverai dans les bois, des feuilles rouges, jaunes et ocres.

Puis je placerai mes fleurs et mes feuilles entre les pages de mes livres.

Ici, elles sécheront. Et cet hiver, lorsque la bise soufflera et que la neige tombera, je les collerai sur des feuilles à dessin.

Ainsi, elles iront toujours dans des paysages que j'inventerai.

17 octobre

adieu bel été !

Octobre tout roux a ramené
Les colchiques mauves dans les prés.
Dans les forêts les champignons
Poussent sur la mousse et sentent bon.
Jolies girolles et cèpes ventrus,
Ce soir vous serez à mon menu.
Quelques châtaignes déjà tombées,
Dans la poêle noire seront grillées,
Les premiers feux dans la cheminée,
Disons adieu au bel été !

18 octobre

Pip le grillon

Marc a capturé un grillon et, tout content, il a enfermé le joli petit insecte noir et brillant dans une boîte. Le garçon a percé des trous d'aération dans la fragile prison. Des feuilles fraîches sont cueillies tous les jours pour les repas de Pip le grillon. Mais celui-ci dépérit et, de jour en jour son chant se fait plus faible.

Désolé, Marc se rend auprès de son grand-père et, tristement, lui montre son petit compagnon immobile sur un lit d'herbe. Le vieil homme hoche lentement la tête.

— Vois-tu Marc, Pip est en train de mourir d'ennui, il faudrait lui rendre sa liberté. Mais l'hiver approche. Dépose-le près de la cheminée, il se réfugiera dans la cendre chaude. C'est là que les grillons aiment chanter.

Reconnaissant, Pip égaye les veillées solitaires du grand-père, tandis que les flammes dansent dans l'âtre.

20 octobre

où es-tu caché ?

Mon bel écureuil
Là-haut dans les feuilles,
Si vif et agile,
Si vif et gracile,
Où es-tu caché ?
Où es-tu niché ?
Derrière le bouleau ?
Là-bas tout en haut ?
Mon bel écureuil,
Où es-tu caché ?

19 octobre

vieil hibou

Vieil hibou
Du bois roux,
Vieil hibou
Qui sais tout,
Bien caché,
Bien niché,
Vieil hibou
Qui sais tout,
As-tu vu
Renard roux ?

21 octobre

les patins à roulettes de Stéphanie

Stéphanie a reçu pour son anniversaire de superbes patins à roulettes. Vite elle court dans l'allée cimentée afin de les essayer. Mais voici Amélie, sa meilleure amie, qui arrive toute joyeuse.

— Viens vite, marraine m'a fait cadeau de tout un trousseau pour ma poupée !

Pendant ce temps, un des patins à roulettes dévale la pente et vient s'arrêter devant la niche du chien. Caramil est très surpris par cet objet brillant et va le cacher dans sa niche. Lasses de jouer à la poupée, les deux fillettes reviennent et ne trouvent plus qu'un patin. Stéphanie le montre à Caramil, comme elle l'a vu faire aux chiens policiers.

— Cherche ! dit-elle, cherche mon chien !

Les deux fillettes rient en voyant Caramil ramener le patin perdu, de sa niche...

22 octobre

Boomerang l'intrépide

Boomerang, le kangourou, est vraiment un polisson ! Il ne pense qu'à faire des sottises.

Ainsi, un matin, maman Ornithorynque faillit s'étrangler en apercevant Boomerang qui jonglait avec ses œufs.

Une autre fois, madame Koala, si fine, rougit jusqu'aux oreilles devant les grimaces qu'il lui adressait.

Boomerang est inconscient et tout ce qui est interdit l'attire ! Par exemple, sauter par-dessus la barrière de l'enclos avec des bonds prodigieux, pour se régaler d'herbe tendre ou de jeunes pousses.

Mais les chiens veillent et Boomerang bondit de l'autre côté en adressant un pied de nez à ses poursuivants, sachant qu'ils ne pourront sauter aussi haut !

Maman et papa Kangourou sont de plus en plus préoccupés. Gentillesse et menaces restent sans effet.

— J'ai une idée ! déclare papa Kangourou.

Il appelle son fils et lui explique qu'il lui offre des cours de boxe.

Ainsi Boomerang pourra dépenser son énergie sans nuire aux autres animaux du parc naturel.

23 octobre

chevreuil, mon bel ami

— Chevreuil, chevreuil mon bel ami,
Où cours-tu donc ainsi ?
— Je me dépêche, il se fait tard,
Les blés sont fauchés. Au revoir.
— Allons, voyons, viens près d'ici,
Je t'ai porté de l'herbe fleurie.
— De l'herbe fraîche je n'en veux pas,
Les coups de feu résonnent déjà.
Adieu Jean-Pierre compagnon de jeux,
Les chiens aboient, je tremble un peu.
— Tu es rusé, et cours fort bien,
Tu les sèmeras, j'en suis certain.
L'été prochain je reviendrai,
Et dans la forêt te retrouverai.

24 octobre

Frisé des bois

L'institutrice frappe dans ses mains et dit :

— En classe et avancez en rang !

Les écoliers s'installent bruyamment à leur pupitre.

— Silence ! Je vais faire l'appel. Mais où est donc Frisé des bois, je ne le vois pas à sa place ? s'étonne la jeune femme.

— Oh ! sûrement dans la forêt, Mademoiselle, répond un gamin.

On frappe à la porte. Frisé des bois apparaît pieds nus.

— Où avez-vous mis vos sabots, jeune homme ? demande l'institutrice.

— Je ne sais pas mais j'ai apporté un nid de pies pour vous, Mademoiselle.

— Tu ne seras pas grondé cette fois pour avoir fait l'école buissonnière, Frisé des bois et, puisque tu as rapporté ce nid, nous allons commencer une leçon de choses.

25 octobre

les bonbons

Petit lapin est à l'hôpital dans une grande salle avec beaucoup de copains. Petit lapin va mieux.

Il n'a plus mal au ventre mais il n'a pas faim.

— Une cuillerée pour papa,
une cuillerée pour maman,
une cuillerée pour Filistin,
une cuillerée pour les copains, dit l'infirmière si gentille.

Les grandes personnes ne comprennent rien. Petit lapin aura faim quand il sera sur la dune et dansera au clair de lune...

— Tiens, dit papa, un paquet de bonbons. Tu en mangeras un par jour pour ne pas abîmer tes dents.

.Petit lapin serre le gros paquet contre lui et, le soir, il a tout distribué aux petits malades. Brave lapin !

26 octobre

Bamboula

Bamboula est tout fier car maman lui a rapporté du marché un beau chapeau de paille avec un ruban rouge. Bamboula court partout pour faire admirer son chapeau. Mais les singes malicieux le lui volent et le cachent en haut d'un cocotier.

Le lendemain, Bamboula est malade.

— Tu as mal à la tête car tu as joué au soleil sans ton chapeau.

Petite gazelle s'en va seule pour aller voir Bamboula son ami.

Le lion à la grosse crinière a flairé le vent et s'avance dans les herbes.

— Cours vite, petite gazelle, plus vite ! Le lion approche, prêt à bondir.

Pan ! Pan ! Pan ! Qui a tiré ? C'est le chasseur !.. Le lion s'est sauvé et le chapeau est tombé du cocotier !

27 octobre

Cadi l'ânon

Cadi est l'ânon de la ferme. Il a le poil ébouriffé, aussi les enfants préfèrent-ils Trott, le poulain, parce qu'il est beau et intelligent.

— Personne ne m'aime ! songe tristement Cadi, le cœur gros et, il décide de quitter la ferme.

Soudain, il aperçoit Trott.

— Hé ! Cadi, peux-tu te faufiler sous cette barrière ? dit Trott moqueur.

Non sans difficulté, Cadi parvient à se glisser sous la barrière.

— Maintenant, jouons à qui arrivera le premier à la rivière, propose le poulain. Cadi hésite. Mais Dame Taupe murmure à mi-voix :

— Accepte je t'aiderai.

Pendant que Dame Taupe met son plan à exécution, Cadi compte.

— Un, deux, trois, partons !

Mais bientôt, Trott ralentit et zigzague dans la prairie : c'est Dame Taupe, qui, ayant creusé des quantités de trous sur le parcours du poulain, l'oblige à faire des détours et à perdre du temps.

Trottinant, sans perdre une minute, Cadi arrive le premier à la rivière.

— Merci, Dame Taupe, dit-il avec reconnaissance à sa nouvelle amie.

Et tout fier, il retourne à la ferme.

28 octobre

sous mon parapluie

La pluie tombe du ciel gris,
Une douce pluie d'automne
Qui glisse sur mon parapluie
Son refrain bien monotone.
Les grenouilles sautent de joie,
Et moi je danse avec elles.
Les champignons dansent aussi.
Notre ronde est des plus belles.
Une douce pluie d'automne
Tombe sur mon parapluie.

29 octobre

le soir à la ferme

Dans l'étable, le fermier trait les vaches.

Dociles, elles mâchent du foin.

Dans l'écurie, le cheval se repose. Il a déjà mangé son avoine. Il est éreinté de sa journée dans les champs.

Ici, c'est la porcherie. Les porcs grognent sans cesse : de contentement ou de mécontentement ?

La fermière lance à la volée des graines dans le poulailler, en criant : « petits, petits, petits ». Canards, poulets, oies, dindons s'empressent autour d'elle. Ils picorent de-ci, de-là.

Dans la volière, pigeons et tourterelles s'impatientent. Ils n'ont pas encore eu leur repas. Le chien aboie. N'aura-t-il donc pas sa pâtée, aujourd'hui ? Le chat, lui, est satisfait : son bol est rempli de lait frais.

30 octobre

je peins et je colle

Aujourd'hui le temps est maussade.

Il va falloir rester à la maison, que faire pour ne pas s'ennuyer ?

De la peinture et du collage. Oui pourquoi pas ? J'installe sur ma table mes peintures, mon petit pinceau, un gobelet d'eau, du papier de couleur, des ciseaux, un tube de colle. Et je prépare une grande feuille de dessin, blanche.

Je vais faire un paysage. Je découpe dans le papier de couleur des troncs d'arbres marron et du feuillage vert, une maison jaune sur laquelle je pourrai peindre des volets verts. Je n'oublierai pas de découper le toit rouge. Je colle le tout sur ma feuille blanche. Puis j'ajoute à la peinture des fleurs sous les arbres, des personnages, un soleil éclatant, et en haut de la feuille, des oiseaux et des papillons.

Quand j'ai terminé, mes mains sont pleines de peinture et de colle, mais mon paysage est magnifique et je vais pouvoir l'épingler sur le mur de ma chambre.

31 octobre

connais-tu bien ces animaux ?

Cite-moi un animal qui soit énorme.

— L'éléphant !

— Peux-tu me le décrire ?

— Il est très grand et très gros. Il pèse plusieurs tonnes. Il a quatre pattes, une longue trompe avec laquelle il boit. Sa peau est rugueuse et dure. Il est tout gris.

— Cite-moi un animal que tu trouves gracieux.

— La girafe ! Elle est grande et fine. Sa particularité est d'avoir un long cou qui lui est utile pour attraper les hauts feuillages.

— Connais-tu un animal que l'on dit noble ?

— Le lion ! C'est un animal impressionnant avec une énorme crinière. Son poil est roux et son rugissement est si fort qu'il fait frémir la jungle entière.

— Et maintenant cite-moi un animal moqueur.

— Le singe ! Il est laid et sa physionomie est grimaçante. Il essaie toujours d'imiter l'homme et ses mimiques font rire.

— Un animal fier, en connais-tu ?

— Oui, le paon. Son cri est prétentieux et il s'exhibe en faisant la roue, afin de montrer son magnifique plumage.

— On dit qu'un animal est voleur.

— Il s'agit de la pie. Elle est attirée par ce qui brille. C'est pourquoi elle vole des objets de métal, et les emporte dans son nid.

— Certains sont bavards, paraît-il ?

— C'est le perroquet. Il répète tout ce qu'il entend, et il est difficile de le faire taire.

— Connais-tu l'animal que l'on tond, afin d'utiliser sa laine ?

— C'est le mouton. Le berger les emmène au pâturage, sur les coteaux puis les redescend au village au moment de la tonte.

— Cite-moi l'énorme mammifère qui vit dans l'eau, comme un poisson.

— La baleine. Elle pèse plusieurs tonnes. Elle vit dans les mers du Nord.

— C'est parfait ! Je vois que tu connais bien quelques animaux...

1er novembre

le Prince Jean

Au pays bleu, comme le veut la coutume, à chaque anniversaire du prince Jean, les villageois dans leurs beaux atours vont au château offrir des présents. Les parents de Sylviane sont tristes. Cette année, ils ne porteront aucun cadeau à leur bon prince, l'orage ayant détruit toutes leurs récoltes. Sylviane, trouvant cela injuste, va demander conseil à sa marraine, la fée bleue. La fée remet à l'enfant un panier contenant : des œufs, de la farine, du lait et un pot de confiture. Puis elle disparaît, lui laissant le soin avec cela d'accomplir un miracle.

Sans tarder, dans une terrine, Sylviane mélange tous ces ingrédients. La pâte ainsi obtenue est bien trop liquide pour être cuite au four à pain.

Alors, sur une plaque chaude, Sylviane l'étend. Dorées sur les deux faces, enduites de confiture et roulées, ces fines galettes font le régal du souverain. Et à chacun de ses anniversaires, il prend grand plaisir à déguster cette spécialité.

Si, au fil des siècles, crêpes elles sont devenues, à la chandeleur depuis, elles sautent dans nos poêles.

2 novembre

la puce et le chien

Un jour sur une route, une puce en voyant tourbillonner les feuilles, se dit :

— La brise se change en grand vent, il faut que je trouve un logis pour les frimas.

A ce moment arriva un bon gros chien poilu à souhait. La puce pensa :

— Voilà mon gîte. Alors d'un élan, elle sauta dans l'accueillante toison.

Mais Ponceau, c'était le nom du chien, n'était pas du tout de cet avis, et d'une patte énergique, il éjecta la puce.

La pauvrette se trouva de nouveau sur le chemin, mais elle était tenace et d'un nouvel élan sautant sur le nez de sa victime elle lui dit poliment :

— Monsieur le chien, ayez pitié d'une pauvre puce sans abri pour l'hiver, donnez-moi je vous prie asile dans votre fourrure chaude.

Alors, Ponceau qui avait grand cœur lui répondit :

— Soit, j'accepte ton indiscrète présence, mais, ne me chatouille point !...

3 novembre

le renardeau et l'avion

Renardeau s'ennuie, il regarde avec envie les hirondelles; il voudrait tant voler comme elles. Oui, mais voilà, il n'a pas d'ailes.

Alors il songe que peut-être, il pourrait monter dans ces grands oiseaux que l'on appelle « avions ».

Ce serait si amusant de glisser sur les nuages et de voir les hommes tout petits !

Il va demander conseil à maître Renard.

Maître Renard après avoir questionné les animaux de la forêt lui dit :

— Petit Renardeau, tu devras abandonner tes bois et tes amis et tu seras mis en cage. Les hommes sont ainsi !...

— J'aurai trop de peine, je reste, soupire le renardeau.

4 novembre

dans le grenier

Maman a vu que ses filles s'ennuyaient.

— Aujourd'hui, dit-elle, je monte au grenier faire un peu de rangement. Qui veut me suivre ?

— Moi, moi, disent Annie et Annette les jumelles, en bondissant de joie.

— Alors, prenez des grands tabliers, recommande maman, et gare aux toiles d'araignées !

Pleines d'ardeur, les deux fillettes gravissent l'escalier de bois rugueux en brandissant plumeaux et balais. Mais une fois arrivées dans la grande pièce mansardée où dansent quelques rayons de soleil, elles oublient vite la tâche fixée.

— Regarde ! Annie, notre landau. Et voici ma première poupée, elle est borgne et bien sale la pauvre, lavons-la.

— Annette ! Annette ! viens essayer ce jupon de grand-mère et ce chapeau à plumes.

Plumeaux et balais sont relégués dans un coin, tandis que les deux fillettes s'amusent avec entrain. Leur maman sourit sans rien dire : sa ruse a réussi ; ce dimanche pluvieux a été bien employé...

5 novembre

les mésanges

Durant tout l'été, les jolies mésanges à tête bleue ont égayé le vieux jardin délaissé. Leurs cris aigus, les battements de leurs ailes, leurs allées et venues affairées autour du douillet petit nid peuplé d'oisillons ont redonné vie aux allées désertées. Le vieux pommier moussu a retrouvé assez de vigueur pour envoyer de la sève dans ses vieilles branches, et à l'automne quelques pommes acides ont récompensé ses efforts.

Hélas ! le gel est venu, précoce, alors qu'un petit oiseau plus fragile n'a pu encore quitter le nid. Désespérés, ses parents sillonnent en vain le ciel : plus le moindre moucheron. Le pommier a une idée, il fait pleuvoir ses fruits sur le jardin voisin attirant l'attention sur les gentilles mésanges en détresse. Emu, le jeune couple voisin leur construit un perchoir abondamment garni de graines savoureuses. Les oiseaux sont sauvés...

6 novembre

la bassinoire

Aujourd'hui, le soleil a brillé de tous ses feux mais, le soir venu, le froid et la brume l'ont remplacé.

Clémentine est dans son lit douillet, cachée sous une énorme couette rouge gonflée de duvet. Elle a froid aux pieds. Elle a beau gigoter, faire de la bicyclette entre les draps trop frais à son gré, elle grelotte toujours.

— Maman ! Maman ! mes pieds sont gelés !

Quelques instants après, maman pénètre dans la chambre de Clémentine, une grande casserole de cuivre à long manche à la main.

— C'est une bassinoire, je l'ai retrouvée au grenier et je l'ai remplie de braises tièdes prises dans la cheminée. Ta grand-mère chauffait son lit ainsi, car le chauffage central n'existait pas ! A propos de chauffage, j'allumerai la chaudière demain.

— Dis maman, de temps en temps, tu mettras encore des braises dans la bassinoire pour réchauffer mes pieds ?

7 novembre

le cristal magique

Dans la maison où habite Marion, vit un vieux monsieur. La fillette le salue toujours gentiment et, parfois, lui porte ses provisions. Il est très âgé et paraît frêle, mais derrière ses lunettes, ses yeux brillent dès qu'il aperçoit la fillette. Aussi un jour, cérémonieusement, il invite Marion à venir goûter chez lui.

La petite fille revêt une jolie robe et cueille une belle rose au jardin. Le vieil homme remercie Marion de son choix et dispose la fleur sur la table où un bon goûter est servi. Ravie, l'enfant déguste le chocolat mousseux, tandis que son hôte lui parle de sa jeunesse. Les voitures, alors, étaient tirées par des chevaux, et les dames portaient de longues robes à traîne.

Monsieur Théodore glisse dans la main de Marion un bel œuf de cristal. Au centre se dresse un minuscule château, et lorsque l'on secoue l'objet, la neige semble tomber à gros flocons.

— C'est pour remercier ma jeune amie, dit le vieux monsieur.

Marion l'embrasse de grand cœur en lui promettant de venir le voir souvent.

9 novembre

la chouette

La chouette est dans l'ennui :
Quand elle sort de son nid,
C'est la nuit !
La pie et le moineau sont endormis.

La chouette n'a pas d'amis,
Mais que faire, que faire ?
Le soleil et sa lumière
Lui font cligner les paupières.
C'est à la nuit seulement,
Qu'elle ouvre ses yeux en grand.
Et quand la chouette se lève,
La journée des autres s'achève !

Une nuit,
La jolie chouette sans amis,
A trouvé la solution à son ennui :
Une paire de lunettes de soleil !

La pie et le moineau sont contents;
Ils ont une amie de plus maintenant,
Une amie chouette,
Qui porte des lunettes.

8 novembre

Séraphin

Séraphin, le beau chat roux aux yeux verts, est bien perplexe.

L'automne est là et les arbres se dépouillent. Le saule pleureur, qui lui sert de tour de guet, perd ses feuilles à chaque rafale de vent.

Terminées, les parties de cache-cache avec les chats du voisinage et les longues siestes sur la plus grosse branche !

Finies aussi les longues attentes à l'affût du moindre moineau, bien calé sur la grosse fourche, à l'abri du feuillage touffu et bruissant !

La chasse sera difficile ! Il faudra courir plus vite et Séraphin n'est guère courageux. Il préfère la pâtée servie chaque matin par son amie Cathy.

10 novembre

Petit lapin le polisson

Petit lapin
Le polisson,
Petit lapin
Etait grognon.

Petit lapin
A des boutons,
Niche dans le foin
Et le sainfoin
Petit lapin
Le polisson,
Petit lapin
Qui est grognon.

— Bonjour, lapin.
— Bonjour tonton
Le hérisson.
— Reste au dodo,
Prends ton cadeau :
Un accordéon.
— Merci, tonton
Le hérisson.

11 novembre

Carolo devient coiffeur

— Ce que je m'ennuie, pense Carolo le coyote du zoo, que faire pour me distraire ?

Il avise à cet instant une grosse paire de ciseaux de jardinier et se réjouit intérieurement :

— J'ai trouvé, je vais aller couper la crinière de Brutus le lion.

En cette chaude après-midi, repu, Brutus dort profondément et ne s'aperçoit pas que le coyote, rentré à pas de velours dans sa cage, taille sans remords la magnifique crinière blonde et bien fournie.

Quelle déception à son réveil ! Il cherche le coupable, qui, tremblant de peur se fait tout petit.

— Après tout, dit Brutus je suis à l'aise ainsi. Merci Carolo.

12 novembre

Dandy

— Allons ! Dandy, viens patiner avec nous, crient les joyeux lapins au petit faon.

Dandy en a grande envie. Cela lui paraît si facile en voyant ses amis évoiuer gracieusement sur l'étang gelé. Alors, tête baissée, Dandy prend un grand élan et saute sur la glace. Malheur ! ses sabots luisants dérapent. Dandy perd l'équilibre et se met à tourner, à tourner comme une toupie, sans pouvoir s'arrêter.

Étourdi, il tombe et se retrouve étendu comme une carpette sur la glace. Brr ! que c'est froid. Bien vite, Dandy cherche à se remettre sur ses pattes. Hélas ! lorsque ses pattes arrière sont enfin droites, celles de devant glissent à nouveau et tout est à recommencer. Les petits lapins, voulant que Dandy s'amuse comme eux, chaussent ses sabots de patins. Quel bonheur, Dandy reste enfin debout et patine aussi bien que ses amis.

13 novembre

Margotte la pie

En livrée noire et blanche, très digne, Margotte la pie traverse le jardin en sautillant.

Son petit œil rond scrute les alentours.

Rien à l'horizon ?

Julien, le lapin nain, ronge une carotte à l'abri d'un buisson.

Lucifer le chien fait la grasse matinée et Kouki le chat, son grand ennemi, est à la chasse aux musaraignes.

La voie est libre...

Margotte fait semblant d'errer sans but mais, insensiblement, elle s'approche de l'écuelle contenant le repas des trois hôtes de la maison. Furtivement, elle picore la pâtée succulente, sur le qui-vive, prête à l'envol.

Mais la gourmandise est la plus forte, elle abandonne toute prudence et s'empiffre avidement.

Un miaulement rauque, un bruit de chute... et Margotte a juste le temps de se réfugier au sommet du peuplier le plus proche. De son perchoir, elle nargue Kouki, tout penaud; mais quelle peur !

14 novembre

le baptême de l'air

Douky est émerveillé par tout ce qui vole mais ce sont les avions qui ont sa préférence.

— Oh ! piloter un aéroplane ! songe-t-il avec enthousiasme.

C'est avec plaisir qu'un matin il accepte l'invitation de son ami Top pour aller visiter l'aérodrome.

Il fait beau, l'air est agréablement doux pour la saison et les avions sont sagement alignés dans l'herbe.

Douky a grande envie de monter à bord de ce bel avion qui est sur la piste.

Il laisse là son ami Top et trotte jusqu'à l'avion, puis s'installe à bord.

— Que de cadrans ! Que de manettes ! Ah ! si je savais piloter !

Mais, tout à coup, surgit le pilote. Vite Douky chasse son rêve et se cache à l'arrière de l'appareil.

Le moteur tourne, l'avion s'envole...

Le petit chien a très peur d'autant que le pilote fait d'audacieuses acrobaties.

Enfin l'appareil atterrit et le pilote s'éloigne satisfait.

Douky sort de la carlingue en titubant. Il est réconforté par Top qui s'écrie :

— Bravo ami ! tu viens de prendre le baptême de l'air !

15 novembre

la légende de l'hiver

Il y a de cela bien longtemps, une fée voulait se vêtir de blanc pour se rendre au carnaval de la nuit.

Mais en cette fin d'automne, sur la terre tout était aux couleurs de l'or et de l'ambre. Où trouver du blanc dans cette apothéose de couleurs ?

Alors, elle eut une idée. Sans tarder, elle déversa sur la terre tout le duvet des édredons des lits du palais. Puis sur cette couche duveteuse, elle lança de la poussière de diamant. Après quoi, elle fit venir le vent du Pôle Nord afin qu'il souffle sur la terre. Sous ce vent glacial, le duvet léger devint blanc et prit le joli nom de flocons de neige.

La poussière de diamant se mit à scintiller, et givre elle s'appela.

Et depuis ce jour, après l'automne vient l'hiver qui habille la terre de blanc et d'argent.

16 novembre

histoire de trois chaussons

Deux chaussons vivaient en paix dans une boîte, ils rougissaient de plaisir avec leurs beaux pompons piqués sur leurs têtes; ils en étaient très fiers.

Mais, un jour on ne sait comment, un vieux chausson bâillant d'usure, sans couleur et malodorant, vint leur rendre visite.

— Oh ! comment ose-t-il nous approcher, dit l'un.

— Ce n'est pas tenable, pleurnicha l'autre.

Et patati, et patata...

Le vieux chausson était si triste de cet accueil qu'il soupira :

— Ne riez pas tant, quand vous aurez usé autant de tapis que moi, alors... vous comprendrez peut-être les vieux chaussons.

17 novembre

un souriceau m'a dit

Un souriceau
Tout étourdi,
Un souriceau
M'a dit :
— Laisse entrouvert le placard
Pour que je goûte un peu de lard,
Et un morceau de fromage.
Tu sais, à mon âge,
On aime
La crème,
Le tapioca,
Et le chocolat.
Laisse entrouvert le placard
Pour que je goûte un peu de lard,
Et de rillettes
Dans l'assiette,
Et surtout, ne le dis pas,
De la mousse au chocolat.
Petit enfant gourmand,
Petit enfant charmant,
Veux-tu ?

18 novembre

le jouet préféré

Sébastien a un camion tout neuf. Et pas n'importe quel camion, s'il vous plaît. Un camion de pompiers rouge étincelant avec une échelle chromée, qui se lève et s'abaisse. Il est même équipé d'un tuyau arroseur, pour éteindre les incendies.

Dans la maison on n'entend plus que :

— Pin-Pon, Pin-Pon.

Sébastien est le chef des pompiers. Il commande une caserne imaginaire. Il part à tout instant, bravant les dangers avec de vaillants sapeurs, luttant sans cesse contre les éléments.

Sébastien est heureux. Il joue des heures entières avec son jouet préféré.

19 novembre

les champions du football

Pierre et Luc s'ennuient en ce mercredi après-midi.

— Si l'on jouait au football dans le pré, propose l'un des garçons.

— D'accord, dit Pierre, je trace les buts et je serai le goal !

— Si tu veux, accepte Luc, nous tirerons chacun cinq buts. Attention ! Prêt ? Je commence. Pan ! Marqué ! : 1 à 0.

Pierre le goal renvoie la balle. Le tireur se concentre et hop ! encore un but, puis un autre. Finalement, les cinq buts sont marqués rapidement.

— A mon tour, dit Pierre.

Le goal prend la place du tireur, qui lui, prend la place du goal.

— Je vais essayer d'en faire autant. Alors, méfie-toi. Attention Luc ! Prêt ? Pan ! Un but.

— Bravo ! tu commences bien, complimente Pierre.

— Attends, ce n'est pas fini, renvoie le ballon ! plaisante Luc.

Et hop ! deux buts, puis trois, quatre et cinq buts sont marqués.

— On est à égalité : cinq à cinq.

— Nous sommes les champions du football, s'écrient les garçons.

20 novembre

soirées d'autrefois

Voltigent les crêpes
sur la plaque huilée.

Sautent les marrons
dans la poêle à trous.

Crépite la bûche dans l'âtre.

Chante la marmite
dans la grande cheminée.

Craquent les noix
entre nos mains.

Ronronne la vieille horloge
dans son coin.

Pétille le cidre dans nos verres.

Dis grand-mère,
comme lorsque nous étions petits,
conte nous une belle histoire.

21 novembre

Titsou l'écureuil

Un écureuil un soir d'hiver,
Trouva hélas ! son nid désert.
Adieu les faînes, adieu les noix,
Il ne restait que des bouts de bois.
— Que vais-je devenir ? pleura Titsou
Je n'ai plus de provisions du tout.
Le froid a dépouillé les bosquets.
Je vais périr quand il va neiger.
— Allons courage lui dit une chouette,
Tu vois, là-bas, cette maisonnette ?
Sur le balcon tu trouveras,
Durant l'hiver, des mets de choix.
Des graines, du riz et des gâteaux,
Sont posés là, pour les oiseaux.
Ils ont bon cœur et partageront,
Avec toi toutes ces provisions.
Voyant Titsou près de sa fenêtre,
Sophie gentille, mit des noisettes.
Le petit écureuil fut sauvé,
Et devint vite apprivoisé.

22 novembre

les Jumeaux

Tim et Tom, les jumeaux, se ressemblent en tous points, si bien que leurs parents ne peuvent les différencier.

Aussi, les diablotins en profitent-ils pour tromper leur entourage et faire bien des sottises.

Maman les gronde l'un après l'autre mais tous les deux protestent de leur innocence.

Un jour, Tim découvre une magnifique tarte aux fraises sur la table de la cuisine. Aussitôt, il en dévore la moitié. Tom vient à passer et mange le reste.

Très fâchée, maman part à la recherche des petits gourmands. Elle les trouve dessinant sagement dans leur chambre. Bien entendu, ils n'ont pas vu la tarte aux fraises !

— C'est peut-être Tiburce le chien, suggèrent-ils, complices.

Mais bientôt tous les deux souffrent d'une indigestion.

Maman apprend aux jumeaux que le mensonge et la gourmandise sont de très vilains défauts !

23 novembre

la retraite de Cyclone

Dans un pré, j'ai rencontré un beau cheval.

Il est tout blanc, il a une belle crinière.

Je l'ai abordé timidement, car il m'impressionnait.

— Dis cheval, comment t'appelles-tu ?

— Cyclone !

— Quel drôle de nom !

— Et toi, comment t'appelles-tu ?

— Jean-Michel.

— Quel drôle de nom !

— Pourquoi es-tu là, dans ce pré ?

— Oh ! c'est une longue histoire, répond Cyclone, mélancolique, je suis né dans un cirque. Mes parents étaient chevaux de parade, ils étaient magnifiques. Tout jeune, on m'a dressé et comme j'étais habile, j'ai fait très tôt mon entrée sur la scène.

J'ai aimé cette vie passionnément, j'ai connu des pays lointains, rencontré beaucoup de gens. Et puis le temps a passé, j'ai vieilli et le directeur m'a vendu à un fermier à qui je peux rendre quelques menus services.

Je me souviens encore des adieux déchirants des gens du cirque et le soir sur ma litière, la musique du spectacle me revient; je connaissais les numéros par cœur.

— Ce soir, nous irons au cirque ensemble, Cyclone mon ami.

24 novembre

la chanson de la poêle

Je suis une poêle à trous,
Qui fait cuire les châtaignes.
Et l'automne à la veillée,
Les enfants, tous rassemblés,
Les dévorent par poignées.

26 novembre

Tourneboule

Tourneboule, je m'endors,
En pensant à demain.
Il fait bien noir dehors,
Le soleil s'est éteint.

Tourneboule, dans mon lit,
Mes jambes et mes bras
Allongés pour la nuit,
Sommeillent sous les draps.

A demain les galipettes,
Les galopades et les grimpettes.
A demain les sucettes,
Les promenades et la dînette !

Tourneboule, je m'endors,
Il fait bien noir dehors.
Tourneboule et bonsoir,
Dehors il fait bien noir !

25 novembre

le chapeau de Cléo

Cléo, la marmotte, a vingt-cinq ans et pas de mari. Elle coiffe donc Sainte-Catherine et ce soir ira au bal danser avec son joli bonnet. De bon matin, ses amis sont venus sonner à sa porte pour lui faire cadeau d'un merveilleux chapeau.

Ce chapeau ! Cléo ne trouve pas d'adjectifs pour le qualifier, tant il est beau. Plein de fleurs, d'oiseaux et de papillons, il portera bonheur à Cléo en lui faisant trouver un époux.

C'est ce que lui ont dit ses amis.

Hélas ! sur le chemin du bal, un grand coup de vent emporte le chapeau de Cléo. Alors, s'envolent les oiseaux et les papillons tandis que s'effeuillent les fleurs.

Cléo a tant de peine qu'elle se met à sangloter. Plus de chapeau, plus de fête et plus de mari.

— Allons, sèche tes larmes Cléo, donne-moi le bras et allons au bal danser. Cléo n'a plus de chapeau mais elle vient de trouver un mari.

27 novembre

l'album de photos

— Quel vilain temps ! soupire Suzon. Il pleut, pas de promenade au jardin.

— Et justement un mercredi, renchérit tristement son amie Mariette.

La maman de Suzon a entendu le dialogue. Sans rien dire, elle s'absente quelques instants et reparaît, un lourd album couvert de velours râpé sous son bras.

— Venez ici petites, j'ai trouvé de quoi vous distraire. Cet album de photos est presque centenaire.

Les deux curieuses accourent et, les coudes sur la table, tournent les pages.

— Regarde ! s'exclame Suzon, la jolie robe à crinoline et le drôle de chapeau !

— Oh ! l'adorable bébé potelé. Et cet homme encore brandissant un sabre de bois. Vois ce militaire à la fière moustache. Qui est donc cette jolie fillette en robe claire ?

— C'est grand-tante Mélanie, dit maman.

— Comment grand-tante Mélanie toute sèche et ridée, avait ces yeux et ces boucles-là ?

L'après-midi passe ainsi très vite et à la nuit tombée, on referme à regret le vieil album.

28 novembre

un nid douillet

Pipa zigzague dans le ciel brumeux, elle piaille désespérément, solitaire.

— Tu nous assourdis, s'exclame Arthur le rossignol.

— Je suis toute seule, je suis perdue, aide-moi !

— Je te connais ! tu as laissé partir tes compagnes qui émigrent vers l'Afrique pour échapper aux rigueurs de l'hiver. Tu préfères, comme l'année dernière, passer la mauvaise saison dans le grenier du père Barbin, bien au chaud contre le conduit de la cheminée ?

— Eh oui ! tu as deviné, reconnaît Pipa, le voyage est long et périlleux et je suis encore si jeune ! Pourquoi quitter ce nid douillet lorsqu'on possède un compagnon comme toi et un ami tel que le père Barbin qui me donne des petits morceaux de viande en attendant les moucherons du printemps ?

— Tu es très maligne et je suis trop bon. Viens, allons nous installer !

29 novembre

un jardin en automne

Émeline trépigne de joie, bat des mains, s'exclame avec ravissement :

— Mamy, Mamy ! tu ne m'avais pas dit que le jardin était encore tout en fleurs !

Émeline est venue avec ses parents passer la fin de la semaine chez Mamy, à la campagne. Elle s'attendait à trouver le jardin triste et désert. La grand-mère l'y entraîne en déclarant :

— Ici ce sont les derniers dahlias, là, les premiers chrysanthèmes qui ébouriffent leurs pétales, là encore, quelques soucis doubles qui offrent au soleil déclinant, leurs corolles orange et jaunes.

Viens avec moi, nous allons recueillir les graines de roses d'Inde et de soucis qui restent accrochées au cœur des fleurs desséchées... Nous les replanterons aux beaux jours !

Le soir venu, Émeline et Mamy sont encore au jardin, l'une taillant les rosiers, l'autre ramassant les ultimes feuilles roussies.

Seules, la brume et la nuit pourront interrompre leur travail passionnant.

30 novembre

la boîte à musique

Petit Pierre est malade. Mamie Nanette s'inquiète car le petit garçon a perdu l'appétit. Plusieurs fois par jour, elle essaye de le tenter, apportant sur un plateau un bol de lait frais ou un bel œuf de son poulailler. Hélas ! petit Pierre détourne les yeux après avoir tout juste goûté de quoi nourrir un moineau.

— Cet enfant dépérit ! se désespère la brave grand-mère. Il faut le distraire...

Sur le plateau du déjeuner, elle pose un minuscule chalet de bois.

— Soulève le toit du chalet, Pierrot, dit-elle au garçonnet intrigué.

Alors, devant le petit malade stupéfait, une porte s'ouvre et une paysanne sort de la maisonnette, un panier au bras. Une joyeuse petite chanson s'élève soudain du chalet musical. Ravi, le petit garçon déjeune de grand cœur, tandis que d'un tour de clef mamie Nanette fait reparaître la marionnette. Désormais, chaque repas devient une fête, petit Pierre reprend bien vite des forces.

1er décembre

la légende du sapin vert

La fée de la forêt était fort mécontente. Rien n'allait plus chez ses sujets, les arbres. Ce n'étaient que disputes et jalousies :

— Je suis le plus beau, le plus fort, le plus noble...

Ils ne se mettaient d'accord que pour se moquer du petit sapin qui, pour eux, n'était pas un arbre.

Vêtu d'aiguilles, et non de feuilles, comment pouvait-il prétendre être des leurs ? Alors, la fée en écureuil se changea, et d'arbre en arbre alla demander refuge. Aucun ne voulait d'elle, trop préoccupés d'eux-mêmes.

Seul, le petit sapin offrit ses branches pour abriter l'écureuil.

Lorsqu'elle fut arrivée au faîte du sapin, la fée reprit son apparence.

Pour punir ses mauvais sujets, elle les condamna à perdre leurs feuilles et à dormir tout l'hiver. Voici comment le petit sapin devint le roi de nos forêts, et de nos foyers pour nous offrir des Noël lumineux.

2 décembre

à Paris

A Paris, il y a
Des maisons en hauteur
Avec des ascenseurs.

A Paris, il y a
Des rues grandes, des rues petites
Avec de jolies boutiques.

A Paris, il y a
La Seine juste au milieu
Qui partage la ville en deux.

A Paris, il y a
La Tour Eiffel
Toute en dentelle
Qui se croit belle.

A Paris, il y a,
Il y a toi,
Il y a moi,
Et la vie qui va.

3 décembre

comptons les billes

— Tu as cinq billes rouges et moi j'en ai deux vertes et trois jaunes. Combien en avons-nous ?

— Cinq plus deux font sept. Et sept plus trois font dix. Nous en avons dix.

— Possédons-nous le même nombre ?

— Oui, moi j'en ai cinq d'une même couleur. Et toi, tu en as deux vertes et trois jaunes, ce qui fait cinq au total.

La partie commence acharnée; chacun veut gagner. Et voici déjà le moment de faire les comptes.

— Il te reste trois billes rouges et tu en as gagné deux vertes et une jaune. Combien en as-tu ?

— Trois rouges, plus deux vertes font cinq. Cinq plus une jaune font six. J'en ai donc six.

— Moi j'ai gagné deux billes rouges, mais j'ai perdu les vertes et il ne me reste que deux jaunes. Donc deux plus deux font quatre.

4 décembre

Solfège

Do, ré, mi, fa, sol, la, si, do.
Allons danser, dit le piano,
Allons danser !

Allons, allons, dit le violon,
Pour la valse et le rigodon,
Allons, allons !

Ça m'embête, dit la trompette,
La valse me tourne la tête,
Ça m'embête !

Juste un tour, dit le gros tambour,
Vous verrez, je ne suis pas lourd,
Juste un tour !

Il est trop tard, dit la guitare,
Je n'ai pas de robe du soir,
Il est trop tard !

Do, ré, mi, fa, sol, la, si, do.
La baguette du maestro,
A mis tout le monde d'accord.
Do, si, la, sol, fa, mi, ré, do.

5 décembre

il ne neige pas

Chaque matin en se réveillant, Sébastien court à la fenêtre. Hélas ! les toits et les rues de la ville restent roses et gris, et la féerie blanche qu'il attend ne se produit pas.

— Maman, j'aimerais jouer dans la neige, gémit-il.

Sébastien n'aime pas cet hiver si doux. Mais son grand-père vient le voir et l'emmène se promener.

— Regarde comme le soleil est beau ! dit-il, on dirait une grosse pastille rouge, vois comme la ville est gaie avec le ciel bleu ! Nous allons pouvoir faire du patin à roulettes ! Avec de la neige, ce serait impossible !

Sébastien retrouve alors son sourire.

6 décembre

la Saint-Nicolas

— C'est aujourd'hui la Saint-Nicolas, dit maman.

— Qui est saint Nicolas ? demande Jérôme.

— C'était un évêque d'Anatolie, répond Frédéric.

— On dit qu'il a ressuscité trois petits enfants, explique Marion, aussi est-il devenu leur patron.

— Aujourd'hui dans les villes du Nord, il y a un saint Nicolas qui se promène à dos d'âne, dans les rues, et qui distribue des pains d'épice et des jouets aux enfants.

— Oh ! pleurniche Jérôme, pourquoi n'habite-t-on pas une ville du Nord ?

Frédéric et Marion éclatent de rire.

— Voyons, dit maman, saint Nicolas pour nous, c'est le Père Noël!

7 décembre

une bonne idée !

Sophie a accroché une pancarte à la porte de sa chambre « défense d'entrer » car elle prépare des cadeaux pour toute la famille.

Elle a déjà un amusant collier de petites perles en forme d'étoiles pour sa grande sœur et maintenant elle colle les coquillages roses, ramassés l'an dernier, sur un carton pour faire un cadre. Elle s'applique, ce sera pour maman.

Mais que faire pour papa ?

Patatras ! que se passe-t-il ? c'est ce coquin de Minet qui vient de renverser la boîte à trésor de Sophie ! Horreur ! la petite glace est cassée, les perles, les graines et les rubans sont tombés dans la colle. Mais cela est si joli que Sophie a une idée, elle fera un tableau pour papa en disposant le tout sur un carton noir.

8 décembre

le renne blanc

— J'en ai assez, pense Wipi, le petit Lapon, des histoires de grand-père et de son renne enchanté, je vais chasser dans la toundra, et s'il existe, je le tuerai.

Il prend son arc et file sur ses skis, mais soudain, que voit-il dans la neige étincelante ? Une immense silhouette se détachant sur le ciel avec des cornes de diamant et des yeux de jais.

— Je suis le grand renne blanc, tu ne me tueras pas ; celui qui m'a vu un jour ne m'oublie jamais, car je porte bonheur.

— Grand-père, s'écrie Wipi, en rentrant, j'ai rencontré le renne blanc !

— C'est bien, dit grand-père, en fumant sa pipe, car le grand renne ne se montre qu'aux cœurs purs.

9 décembre

au Paradis des Jouets

Anne va dans un magasin. Elle reçoit un carton vide sur la tête et s'y blottit comme une souris.

Les vendeuses rangent les comptoirs, et la « souris » sort de sa cachette. Plus personne ! Anne n'ose y croire. Tous les jouets pour elle seule !

— Vite, les poupons joufflus, c'est l'heure de votre bain !

Anne savonne, frotte et rince.

— A vous, les grandes poupées. On met les habits des belles boîtes. Olivia, comment es-tu coiffée ! Mes chéries, vous avez faim. A table !

Anne essaie la bicyclette bleue.

Au matin, une poupée sur le cœur, elle dort profondément dans le magasin qui s'éveille...

10 décembre

la Reine des Neiges

Sophie et Laurence se racontent des histoires.

— Quand je serai grande, je serai Reine des Neiges, dit Sophie.

— Comment feras-tu ? s'étonne Laurence.

— J'épouserai le Roi des Glaces, j'habiterai un merveilleux château de cristal et de diamants, j'aurai une robe scintillante comme la neige et un manteau de flocons, je parcourrai mon royaume dans un traîneau de pierres précieuses, tiré par des rennes apprivoisés et je suspendrai du givre aux branches des arbres pour les rendre féeriques.

— Peuh ! dit Laurence, tu auras le nez rouge.

— Ce n'est pas vrai ! crie Sophie, et puis je te changerai en statue de glace.

— Je m'en moque, dit Laurence, moi j'épouserai le Prince de l'Été et je ne te rencontrerai jamais.

Les deux amies éclatent de rire.

11 décembre

la grande forêt du Québec

Barnabé est québécois. Avec son traîneau, tiré par deux chiens, Barnabé va en forêt couper un sapin pour les fêtes de la Noël. Sa hache sur l'épaule, il cherche un arbre bien touffu, lorsqu'il entend des gémissements. Au pied d'un chêne, il découvre un louveteau blessé. Près de lui, dans la neige, gît maman louve, tuée par un chasseur. Barnabé, abandonnant ses recherches, enveloppe le louveteau dans une couverture et rentre à la maison. La balle extraite, son père place le louveteau, dans une corbeille, devant la cheminée. Il y a tant d'amour dans le cœur de Barnabé que le louveteau guérit très vite.

Entre l'enfant et l'animal, une belle amitié naît. Et même si le loup, devenu adulte, regagne sa forêt pour y trouver une compagne, jamais il n'oublie Barnabé avec lequel il fait de temps en temps de longues promenades.

12 décembre

Marina

— Marina n'est pas encore là, dit la maîtresse. Tant pis, on commence la leçon de calcul.

Toutes les têtes se tournent vers la porte de la classe quand on entend quelqu'un frotter ses chaussures sur le paillasson, dehors. Toc ! Toc ! Toc !

— Entre, Marina. Dépêche-toi.

Marina secoue la neige de son capuchon et son visage rougi apparaît. Elle sourit et tend son écharpe orange en disant :

— Il est blotti dedans. Il est gelé.

Aussitôt, les petites filles sautent de leur banc pour venir voir.

— Oh ! un petit oiseau ! Oh ! le pauvre ! Il grelotte !

— Chut ! vous lui faites peur. Mets-le près du poêle. Il se réchauffera.

A midi, le petit oiseau revenu à la vie chante.

13 décembre

grand-mère tricote

— Grand-mère, je voudrais un pull rouge, demande Sophie.

— Et moi des chaussettes violettes, ajoute Paul.

— Ce sera très amusant à tricoter, répond la grand-mère ravie.

L'après-midi, elle réunit ses amies autour d'un gâteau et tout en bavardant, elle tricote une chaussette avec de grosses aiguilles de bois. Les dames bavardent et l'ouvrage avance.

— Nous avons passé un excellent après-midi, déclarent-elles en prenant congé.

La grand-mère range la vaisselle et reprend son tricot. Horreur ! la chaussette mesure trois mètres ! Que faire ? Alors une idée lui traverse l'esprit... Le mercredi, à l'heure du goûter, les enfants seront accueillis par un grand chien de laine violette !

14 décembre

un petit ange

Il était une fois,
Sur un nuage de soie,
Un petit ange
Vraiment étrange.

Il rêvait toujours
La nuit et le jour
D'aller sur la terre.
Oui, mais pourquoi faire ?

Pour batifoler
Avec Amédée,
Dérober les billes
De la douce Camille.

Je crois bien, ma chère,
Qu'il vint sur la terre,
Car j'ai vu ce soir,
Dans le grand miroir,

Une forme étrange
Et des cheveux d'ange.
Petit Séraphin,
Vous êtes un coquin.

15 décembre

le réveil de Fifi

Fifi Kangourou a l'appendicite. On l'a conduit à l'hôpital.

Le médecin l'a opéré. Ça s'est vite passé mais Fifi Kangourou dort si bien qu'il n'est pas pressé de se réveiller.

— Qu'est-ce que je fais là ? Ce n'est pas ma chambre !

— Fifi, petit kangourou chéri,

— Fifi, petit kangourou joli, répètent papa et maman. Nous sommes près de toi. Ouvre les yeux.

— Je veux dormir encore, dit Fifi.

— Dors, Fifi chéri, répondent papa et maman qui tiennent chacun une patte de Fifi Kangourou et le regardent avec tendresse.

Un petit koala en peluche attend sagement le réveil de Fifi Kangourou.

16 décembre

Popaul n'aime pas l'eau

Il pleut aujourd'hui et Popaul le chat ne veut pas sortir car il déteste l'eau.

Il regarde les poissons rouges dans leur bocal sur la table du salon.

— Que faites-vous à tourner dans l'eau ? C'est affreux, vous allez vous noyer ; je vais vous aider à sortir de là.

Et Popaul plonge la patte dans le bocal. Veut-il vraiment sauver les poissons ou bien prépare-t-il un mauvais coup ?

Patatras ! En tirant sur le napperon, le chaton a fait tomber le vase de fleurs qui s'est déversé sur son dos.

Popaul tout déconfit retourne se sécher sur son coussin et ne comprend pas pourquoi il y a tant d'eau aujourd'hui.

17 décembre

la légende de l'ours polaire

Autrefois, il y a bien longtemps, tous les ours étaient noirs. Or, un jour, au Pôle, un méchant génie décida de les réduire tous en glace.

Certains ours furent ainsi transformés en icebergs et dérivèrent au gré du courant maritime. Mais quelques-uns, pour échapper à ce triste sort, se recouvrirent de neige.

— Oh ! s'exclama le génie surpris, vous êtes des ours blancs ! Hé bien, vous deviendrez des ours polaires.

Et là-dessus, il souffla sur chaque ours une poudre magique collante qui fixa définitivement la teinte blanche sur le pelage noir.

— Je suis content, s'écria soudain le génie, j'ai réussi à vous transformer en ours blancs !

Et joyeux, il se frotta les mains en tourbillonnant sur lui-même.

Ainsi naquit la race des ours polaires, ces grands ours blancs heureux de vivre au milieu des énormes icebergs.

18 décembre

les vacances de Noël

Ce soir, Sylvie rêve avant de s'endormir, demain commencent les vacances d'hiver. Qu'elles vont être belles, ces vacances de Noël !

Sylvie fera, avec ses amies, de grandes promenades en luge, des parties de boules de neige. Elles iront, ensemble, patiner sur le lac gelé. Puis, sur la place du village, elles construiront un gros bonhomme de neige.

Pour les réchauffer, grand-maman leur grillera, dans une poêle à trous, des châtaignes qu'elles mangeront dans des cornets de papier.

Lorsqu'il sera l'heure de rentrer au logis, assises en cercle autour de grand-maman, elles l'écouteront leur raconter une belle histoire.

Et Sylvie s'endort. Demain commencent les vacances d'hiver, les belles vacances de Noël, époque où tous les enfants sont heureux.

19 décembre

Doucelinet, le petit agneau

Surprise ! quelques jours avant Noël, un petit agneau est né dans l'étable.

Annie la jeune fermière se fait du souci car les petits agneaux ne doivent pas naître en hiver. Leur maman n'ayant pas assez de bon lait pour les nourrir jusqu'au printemps. Et, en effet, au bout de quelques jours le petit agneau dépérit maigrissant rapidement. Alors Annie garnit un grand carton de vieux chiffons douillets, couche le petit agneau affaibli auprès de l'âtre et, plusieurs fois par jour le nourrit au biberon. Rapidement Doucelinet (on l'a ainsi baptisé) reprend des forces et trottine derrière la fermière dans la grande cuisine carrelée. Lorsque les beaux jours reviendront il rejoindra les autres moutons et cabriolera dans les prés avec eux, mais il restera le favori de la gentille fermière.

20 décembre

le Général Hiver

Ce matin, il pleut des plumes.

L'eau de l'étang, en pierre de cristal, s'est métamorphosée.

Le sol s'est mis au chaud sous un épais tapis de mousse blanche qui craque sous les pas.

Les sapins, empanachés de perles de givre, d'argent se sont revêtus.

Les oiseaux ressemblent à des boules d'arbre de Noël, tant ils s'ébouriffent.

Mon amie, la marmotte s'est brusquement endormie et ne veut pas se réveiller.

— Dis, maman que se passe-t-il donc ce matin de si extraordinaire ?

— Le Général Hiver est de retour, mon enfant répond la biche à son faon.

Petit faon s'est endormi, les yeux emplis de merveilles. Merci Général Hiver, vous êtes un magicien.

21 décembre

le tapis magique

Julien aime beaucoup la maison de tante Agathe.

Il y a des coquillages dans les vitrines des paravents où volent des oiseaux roses et surtout un tapis aux dessins mystérieux.

Allongé sur ce tapis, Julien regarde les fleurs étranges, les jets d'eau et les palais enfermés entre les arabesques.

Mais le tapis bouge, il se soulève, il passe par la fenêtre.

Oh ! merveille, il survole le jardin et Julien aperçoit au milieu des choux et des carottes des petits palais d'or, des jets d'eau étincelants et même, oui, un maharadjah sur un éléphant, comme au pays du tapis.

Mais un ver de terre fait peur à l'éléphant (il l'a sûrement pris pour un python), il se dresse et voilà le maharadjah par terre.

Julien se met à rire et se retrouve dans le salon de tante Agathe.

Aurait-il rêvé ?

22 décembre

les lutins jaloux

Lutin Bleu s'empresse ce matin dans la fabrique de jouets du Père Noël.

Il est chargé de décorer boules, bougies, guirlandes, anges et poupées en bleu.

Mais Lutin Rouge est déjà levé et il y a sur la grande table de travail des montagnes de boules, de voitures et de camions rouges, même de petits Chaperons rouges.

Lutin Bleu est furieux, car il déteste le rouge, il s'empare des objets décorés et les repeint en bleu.

Oh ! surprise : les voici violets !

— Bravo s'écrie le Père Noël, quelle jolie couleur !

Les lutins deviennent tout rouges de confusion !

23 décembre

le grillon du foyer

Dans l'âtre doré, sous sa pierre tiède, chante le grillon, gardien du foyer. Devant la cheminée, Martine astique son soulier.

Demain c'est Noël et le bonheur doucement envahit la maison.

Aux branches du sapin, parmi les guirlandes scintillantes, brillent les boules multicolores, pareilles à des bulles de savon. Maman décore la maison de fleurs et de bougies, puis prépare les pâtés et les gâteaux pour le lendemain.

Papa accroche à la porte un gros bouquet de houx.

Bientôt, les invités arriveront et ensemble nous réveillonnerons.

Alors chante, chante gentil grillon, petit gardien de notre maison, afin que fleurisse le bonheur sous notre toit, en cette nuit de Noël.

24 décembre

la nuit de Noël

Angélique est soucieuse.

C'est la nuit de Noël et elle veut rester éveillée pour voir Papa Noël.

Elle a tellement envie de l'embrasser pour le remercier.

Alors, elle a allumé la bougie et assise dans son lit, parle à sa poupée et berce son nounours.

Puis pour être certaine de ne pas s'endormir, elle s'installe devant la cheminée.

De ce fait, Père Noël est fort surpris de trouver une petite fille sommeillant en boule sur le parquet, devant son soulier.

Avec tendresse, il recouche Angélique dans son lit, lui dépose un baiser léger sur le front, puis souffle la bougie.

Réchauffé par la gentillesse d'Angélique, Papa Noël repart dans le froid, le vent et la neige.

Il vient d'avoir un bien joli cadeau pour son Noël, petit Père Noël : l'amour d'une petite fille.

25 décembre

le Noël de John

John boude. Noël ne lui a pas apporté le traîneau dont il rêvait.

Il va dans la forêt neigeuse, son chien Tilet sur les talons.

— Ouah ! ouah ! aboie soudain Tilet en regardant un sapin tout décoré.

John n'en croit pas ses yeux. Des guirlandes étincellent au soleil et des bougies brillent aussi. Au pied du sapin se trouvent un traîneau et Bary, le daim.

John décachette l'enveloppe déposée sur le traîneau et lit :

— « Joyeux Noël, John ! Signé : Les animaux, tes amis. »

Bary est vite attaché au traîneau et John découvre la forêt hivernale étincelante de givre.

Les animaux des bois viennent lui tenir compagnie. John est heureux.

26 décembre

l'ours en peluche et la poupée

Dans le coffre à jouets vient d'arriver une jolie poupée.

Père Noël l'a glissée dans le soulier de Stéphanie pour la récompenser d'avoir été si sage.

Nounours et le soldat de bois s'empressent autour de la nouvelle venue. Nounours lui offre des fleurs, le soldat, son bras. Il est si beau le soldat de bois dans son habit rouge et ses galons dorés.

Pauvre nounours, avec son oreille arrachée, sa fourrure rapée et délavée, il se sent bien malheureux.

Soudain, la poupée lâchant le bras du fringant soldat, s'en va prendre celui de gros nounours.

— S'il est ainsi, pense la poupée, c'est qu'il a su donner beaucoup d'amour à Stéphanie. Alors, auprès de lui, je serai heureuse et aimée.

Et c'est ainsi que se marièrent l'ours en peluche et la jolie poupée.

27 décembre

je suis un Indien

Martin a reçu une panoplie d'Indien à Noël.

Depuis il ne cesse de s'en servir.

— Grand-père, ne cherchez pas votre pipe ! elle s'est changée en calumet et Martin la fume sous la table.

Car la table est son tipi et l'on aperçoit une plume entre les pans de la nappe.

— Attention ! l'Indien va sortir, sauvez-vous Véronique !

Trop tard, la petite sœur est rattrapée et ligotée au fauteuil pour avoir refusé une tablette de chocolat au grand chef.

Les hurlements de Véronique attirent maman qui délivre la prisonnière et demande à l'Indien d'aller prendre une douche; mais les grandes personnes ne savent pas que les Indiens se lavent dans la rivière !

Ah ! comme il est difficile d'être Bison Sauvage quand on s'appelle Martin.

28 décembre

Dame Hermine

Dame Hermine,
Ma voisine
A quitté ces jours-ci
Sa robe de fourrure,

Et maintenant la voici,
Trottinant dans la froidure,
Parée d'un somptueux manteau,
Plus blanc que le blanc coteau.

Blanche Hermine,
Ma voisine,
Que vous avez belle mine !
Dans la neige qui s'illumine.

29 décembre

le retour de Cécile

Fabienne et Emmanuel ont eu la permission de monter au grenier.

Dans le noir, parmi les toiles d'araignées, ils trouvent une grande malle pleine de vieux vêtements et se déguisent.

Soudain une voix demande :

— Qui êtes-vous ?

Les enfants ont très peur, mais la voix continue :

— Je suis la poupée de grand-mère, venez me chercher derrière les livres.

Les enfants s'approchent et Cécile raconte :

— Votre grand-mère était très turbulente, voilà pourquoi mes cheveux sont arrachés. Pourtant elle m'aimait bien.

— Viens ! disent-ils, nous allons t'emmener auprès de grand-mère, elle nous racontera son enfance.

30 décembre

Sylvain

Il existe dans le bois un petit bonhomme aussi vieux qu'un chêne et vif comme un pinson.

Une pomme de pin lui sert de chapeau, il porte un gilet en mousse et des bottes très fines en peau de champignon, une feuille aux couleurs changeantes lui tient lieu de cape.

Comme il est très malicieux, il met des fourmis dans les sandwichs des pique-niqueurs qui laissent des papiers dans l'herbe, il égare les sacs des dames qui cassent les arbustes pour en faire des bouquets.

Mais comme il aime beaucoup les enfants, si tu le rencontres, peut-être te fera-t-il découvrir la clairière où dansent les lapins, l'arbre où niche le pic et le sous-bois où poussent les violettes.

31 décembre

Toup et le gui

Le 31 décembre, en se promenant dans le bois avec ses petits maîtres, le chien Toup découvre une branche de gui accrochée à un chêne. Vite, Stéphane et Olivier grimpent à l'arbre et, ayant détaché le gui, le ramènent au logis. Alors Christophe le suspend au plafond tandis que Nicolas le décore de guirlandes de fleurs. Puis à minuit, quand toute la famille est réunie dans la salle, on s'embrasse sous le gui en criant : « Bonne Année ! » Quant à Toup, il grommelle :

— Et à moi, on ne me dit rien ?

— Bonne Année, Toup !